AF485500

TEAM BUILDING EXPERIENCE®

Una Metodología de éxito

para formar Equipos Efectivos

TEAM BUILDING EXPERIENCE
Una Metodología de Éxito para formar Equipos Efectivos

© Andrés Camus Parra, 2016
© Humanagement Group

Av. Apoquindo 6410 Of. 605
Las Condes
Santiago de Chile

(+56 9) 5829 9442
contacto@humanagementgroup.com
www.humanagementgroup.com

Dirección de Arte
Diseño y diagramación digital: Humanagement Group

Agradecimientos **11**

Prólogo..**15**

Fundamentos y Principios **17**

La Zona de Confort 23
Las Fases del Aprendizaje 25
El Equipo...**26**

   ¿Qué es? 26

   Equipo Natural (de Procesos)...............................27

   Equipo de Líderes..27

Fases de Evolución de los Equipos de Trabajo 28
   a. Equipos en Formación......................................28

   b. Equipos de Proyecto..29

   c. Equipos en proceso de Adaptación 29

   d. Equipos en proceso de Asimilación (Normativos)............29

   e. Equipos en proceso de Funcionamiento y Mejora.
      Desempeño. Alto Rendimiento 30

   f. Equipos en proceso de desarticulación 30

   g. Equipos en proceso de desarrollo de Aprendizaje............30

El Team Building **32**

   ¿Qué es? 32

   Tipos de Team Building 35

   Tendencias 38

Team Building - Team Coaching y **43**

Team Building Experience®..**43**

Visión Sistémica del Proceso **45**

Diagnóstico Inicial 45

Contenidos Temáticos 47

Desafío (La Experiencia) 47

Reencuadre. Reflexión de Aprendizaje 48

Seguimiento y Transferencia..................................49

Team Building Experience ©..................................**51**

Nuestro Modelo de Trabajo....................................51

Aplicación Práctica...51

Nuestro Modelo de Aprendizaje: STEP PRO®.................**53**

Criterios de Diseño de Team Building Experience ©............**69**

¿Sabe Quién es su Cliente? 69
Cómo se diseña un programa....................................72

a. Levantamiento de información..........................72

b. Sentido y propósito del programa 72

c. Objetivos de Transferencia 73

d. Contenido Temático 73

e. El Coaching como proceso de aprendizaje acelerado......74

Estructura Metodológica 76

a. La Metodología 76

b. Conocimiento del Cliente 76

c. Duración del Programa 76

d. Modo de Operación en terreno 77

f. Dinámicas del grupo 82

g. Experiencia previa 82

Otros Aspectos relevantes 83
h. Seguridad...83

i. Edades..84

j. Género 84

Las Herramientas metodológicas.............................86
a. Las instrucciones 86

b. El Cuaderno de Trabajo 86

c. Herramientas y Recursos Disponibles............87

d. Láminas de Trabajo 88

e. El Equipo de Trabajo..89

El Diseño Creativo [del Programa] 92

¿Se considera usted una persona creativa? 93

¿Cuáles son las características de un programa creativo?....94

El diseño de Ejercicios..97

Defina un Objetivo 97

Idea Fuerza...98

Estrategia de Diseño Creativo 98

Defina Plan de Actividades 99

Herramientas 99

Focos de los ejercicios..99

Determine la evidencia del éxito 100

Diseñando un programa S.M.A.R.T. 103

Nuestros Programas...105

COACHING CON TAMBORES AFRICANOS©..............108

Descripción de la Actividad 108

Objetivos 108

Desarrollo de la Experiencia 110

OUTDOOR TRAINING 110

Descripción de la Actividad 110

Objetivos 111

Temas 111

Desarrollo de la Experiencia 111

CIRCUS TRAINING 113

Descripción de la Actividad 113

Objetivos 113

Temas..113

Desarrollo de la Experiencia 114

TEAM DERBY MONTAGE© / ECO MONTAGE©.........115

Descripción de la Actividad 115

Objetivos 116

Temas..116

Desarrollo de la Experiencia 116

ACUEDUCTO/MONTAÑA RUSA 117

Descripción de la Actividad 117

Temas 117

Desarrollo de la Experiencia 118

COACHING BOX 119

Descripción de la Actividad 119

Objetivos 119

Temas 119

Desarrollo de la Experiencia 120

FÁBRICA DE CHOCOLATES 121

Descripción de la Actividad 121

Objetivos 121

Temas 121

Desarrollo de la Experiencia 122

CLOWN TRAINING 123

Descripción de la Actividad 123

Objetivos 123

Temas 123

Desarrollo de la Experiencia 124

DA VINCI 126

Descripción de la Actividad 126

Objetivos 126

Temas 126

Desarrollo de la Experiencia 127

LOS SIMULADORES 128

Cómo creamos el Simulador del Everest 129

Cómo crear su propio Simulador 132

Epílogo **136**

Acerca del Autor **137**

Agradecimientos

Está a punto de aproximarse a un libro que involucra a los equipos de trabajo. Sabemos que existen muchos libros acerca de los equipos, tal vez cientos de libros. Es posible que la mayoría de todos esos libros sean un trampolín hacia la profunda evolución de los equipos y su crecimiento.

En este libro no obstante asumiremos de entrada que los equipos son protagonistas de los cambios permanentes que desarrollan las organizaciones y que de una manera u otra, somos parte de ese proceso de cambio por medio de nuestro quehacer. En particular me interesaba comprender a fondo la estructura de nuestras intervenciones, sus etapas, sus procesos, sus vinculaciones y a partir de ello, desarrollar nuestra capacidad creativa para avanzar un paso más adelante en descubrir qué decir acerca del diseño de los programas de Team Building.

Este libro es la consecuencia de una búsqueda, de análisis, de reflexión y aplicación práctica en empresas principalmente de Sudamérica y que desea entregar un visión clara acerca de cómo se diseña un programa de Team Building, como re-inventarse para implementar un sistema propio de trabajo y como generar un modelo de desarrollo de aprendizaje que permita a los equipos avanzar en su búsqueda de mejoramiento y transformación.

Es imposible empezar este libro sin agradecer a todos quienes han sido parte de este camino de 25 años que partió con un joven universitario a quien su hermano mayor lo invitó un día a la montaña y que a partir de allí, cambió todo. En consecuencia con ello quisiera agradecer de manera especial a mi hermano Rodrigo quien logró transferir en mí un sentimiento profundo por vivir la montaña. Recuerdo la vez que veníamos bajando desde el Cerro el Plomo, el más alto del valle de Santiago, cuando paramos en un mirador. Alrededor se veía todo la cuenca cordillerana de la "Piedra Numerada" (una piedra llena de números), un paisaje realmente conmovedor, brillante, de colores montaña, con un aire fresco y una luz magnífica. Luego de un breve silencio, exclamó: *"Por esto venimos a la montaña...porque aquí se encuentra a Dios..."*

Más allá de una cuestión netamente religiosa, esta profunda reflexión caló hondo en mí. Principalmente porque sé que en nuestra convivencia con la naturaleza sentimos una profunda conexión, casi inexplicable, con nosotros mismos. Nos conectamos con nuestra fuente de creación, porque nosotros también somos naturaleza. Volvemos a mirarnos y en esta exploración interior es que desde la Naturaleza encontramos nuestro ser esencial. Y efectivamente, es posible que allí adentro, habite Dios o aquella fuente divina que usted elija creer.

Tres años después de este suceso, mi querido amigo y compañero Tito Gana me invitó a ser parte del que podría denominar mi primer equipo. Parte del Equipo de andinistas que habían hecho cumbre el año 1992 en el Everest. El primer equipo chileno en la cumbre más alta del mundo. Con ellos, junto a mi Maestro de Montaña, Claudio Lucero y mi entrañable Christian Buracchio con su "ciclo del agua", fue con quienes desarrollé toda mi escuela de aprendizaje en la montaña, llegando a recorrer no sólo todo Chile sino también gran parte de Latinoamérica realizando e implementando programas de Outdoor Training. Todos ellos liderados por Rodrigo Jordán, quien fue el que yo diría mi mentor invisible. Su apertura, su pasión por la montaña y los libros antiguos de expediciones; y su empatía, dejaron en mí una marca indeleble.

Fue en esta misma época en que junto a mi querido Ricardo Millán y nuestro amigo y hermano Sebastián Howard, formamos la que fue mi primera cordada de montaña. Con ellos crecimos, compartimos, reímos y lloramos lo que es ser un equipo...de a tres. Un cliente me preguntaba un par de semanas antes de terminar este libro si era posible ser equipo siendo tres. Pues sí, sin duda que es posible.

Años después volvería a encontrarme con Tito para ser parte de su empresa, Latitud90, después de su regreso del K2. Con ellos compartimos experiencias de equipo realmente extraordinarias. Agradecer allí a Felipe Howard por su amor entrañable a la vida al aire libre y a la Naturaleza; y cómo no nombrar al equipo de Empresas que conformamos con Nico Boetsch, Caro Emhart, Verónica Aguirre y Nico Ninfa, con quienes nos adentramos en el mundo de las empresas.

Sería poco justo no incluir en este agradecimiento a Francois Le Calvez quien vio más allá de lo que incluso vi yo de mí mismo, quien creyó en aquello que ninguno creía, quien desde su convicción me impulsó a crecer de manera significativa.

Por supuesto, también por todos quienes han participado de cada una de nuestras experiencias de aprendizaje, en quienes descubrí el misterio de los equipos.

Por último y en primer lugar a mi esposa, Patricia González, Coach, mi mano derecha e izquierda, muchas veces el otro lado de mi mente y mi corazón, con quien hemos hecho de Humanagement una de las mejores consultoras de Coaching y Team Building de Latinoamérica; y a mis hijos Ángel y Sebastián, con quienes hemos conformado estos años un equipo de familia a prueba de todo; quienes aceptan y creen en todas mis locuras y nuevos desafíos.

Prólogo

De qué habla este libro

Este libro surge como la necesidad de crear un sistema práctico, fácil y esencial para el diseño de programas de Team Building

Como parte del desarrollo de mi experiencia como Coach de Equipos durante los últimos 10 años y como parte de mi experiencia de 25 años siendo parte de diferentes tipos de programas, Culturas y rubros de la industria donde se desarrollan estos programas, he podido identificar que aún hoy es posible detectar falencias en el proceso de diseño, estructura e implementación de estos programas.

Por qué hablar de ello

A partir de nuestro diagnóstico y de aquello que viene ocurriendo en el mercado de las empresas, surgió la idea de definir un modelo, un sistema de trabajo que permita a otros diseñar, revisar, reestructurar y corroborar sus propios procesos sobre una metodología de éxito que hemos desarrollado por más de 10 años con nuestros clientes.

Estimamos que los resultados obtenidos a partir de la aplicación práctica en terreno, la fidelidad y de la evolución de los equipos que han sido parte de nuestras experiencias, avalan un trabajo de calidad y excelencia que es aplicable en toda Latinoamérica.

Cómo lo vamos a mostrar.

Marco teórico de referencia. A modo de introducción, se presenta el marco teórico que sustenta todos nuestros programas, de manera que el lector desde ya comprenda la importancia de ello para la generación de sus propios programas.

Entender qué es un Equipo. Es necesario comprender las distinciones que un equipo de trabajo posee que son diferentes a un grupo de personas que desarrollan tareas y de este modo comprender que la intervención de cualquier equipo es un proceso sensible, profundo y que debe ser sostenible en el tiempo.

Qué es un team building. Entender su naturaleza, sus génesis principales, las diferentes definiciones, sus etapas, los criterios de diseño e identificar qué ocurre cuando un equipo participa de experiencias de este tipo.

Nuestro Modelo de Éxito. Qué es TB-Experience®. Para ello hemos desarrollado una síntesis del modelo original, simple y de fácil aplicación práctica de manera que cualquier persona que siga estos pasos pueda diseñar un programa exitoso. Los alcances más en profundidad son parte de la Certificación Internacional en Team Building Experience®, un programa de inmersión de 5 días donde se ponen en práctica todos los conceptos, temas y programas que le permitirán diseñar sus propios programas, de alta calidad y con materiales simples.

Para qué sirve o qué aplicaciones tiene. Tanto si usted es Consultor, Coach, Psicólogo organizacional o parte del área de Recursos Humanos de una empresa, este libro le permitirá obtener una visión integral acerca de cómo diseñar, contratar o producir un programa de Team Building de Alto Impacto para cualquier cliente interno o externo, sabiendo que al mismo tiempo, tendrá aprendizajes significativos para el grupo que intervenga.

Fundamentos y Principios

Pensando en el lector que no ha ingresado a estas dimensiones del aprendizaje, del conocimiento y en particular en temas de Neurolingüística y Coaching, me parece relevante otorgarle algunos conceptos importantes sobre los cuales se inserta este libro y cada una de las experiencias que aquí aparecen.

Qué es la Andragogía

La Andragogía es la disciplina que se ocupa de la educación y el aprendizaje del adulto.

Tiene sus bases en tres conceptos principales:

Participación. La participación se requiere ya que el estudiante no es un mero receptor, sino que es capaz de interactuar con sus compañeros, intercambiando experiencias que ayuden a la mejor asimilación del conocimiento. Es decir, el estudiante participante puede tomar decisiones en conjunto con otros estudiantes participantes y actuar con estos en la ejecución de un trabajo o de una tarea asignada.

Horizontalidad. La horizontalidad se manifiesta cuando el facilitador y el estudiante tienen características cualitativas similares (adultez y experiencia). La diferencia la ponen las características cuantitativas (diferente desarrollo de la conducta observable).

Flexibilidad. Es de entender que los adultos, al poseer una carga educativa-formativa llena de experiencias previas, más una carga familiar importante, necesiten lapsos de aprendizaje acordes con sus aptitudes y destrezas.

Qué es el Aprendizaje Experiencial

John Dewey, filósofo y pedagogo norteamericano. Es uno de los precursores de la filosofía del aprendizaje experiencial. Él sostenía que todas nuestras experiencias pasadas, por virtud o por defecto, por insignificantes que parezcan, sostienen un impacto en nuestra experiencia presente.

Dewey establece un principio de *continuidad,* esto es que existe un hilo conductor que conecta, pasado, presente y futuro que se manifiesta como un soporte biográfico, de *constante actualización.*

La metodología experiencial opera en el presente, se apoya en el pasado y proyecta influencias positivas para la persona hacia su futuro.

Luego en los años setenta, Kolb desarrolló un modelo de aprendizaje basado en la experiencia. Para Kolb "*la experiencia se refiere a toda la serie de actividades que permiten aprender*".

Kolb identificó dos dimensiones principales del aprendizaje: **la percepción y el procesamiento**. Decía que el aprendizaje es el resultado de la forma como las personas perciben y luego procesan lo que han percibido.

Describió dos tipos opuestos de percepción:

- las **personas que perciben a través de la experiencia concreta**,

- y **las personas que perciben a través de la conceptualización abstracta** (y generalizaciones).

A medida que pudo explorar las distinciones en el procesamiento, Kolb también pudo encontrar ejemplos de ambos extremos:

- algunas **personas procesan por medio de la experimentación activa** (la puesta en práctica de las implicaciones de los conceptos en situaciones nuevas),

- mientras que otras **procesan por medio de la observación reflexiva**.

Esta yuxtaposición de ambas formas de percibir y ambas formas de procesar es lo que llevó a Kolb a describir un modelo de cuatro cuadrantes para explicar los estilos de aprendizaje.

- involucrarse enteramente y sin prejuicios a las situaciones que se le presenten,

- lograr reflexionar acerca de esas experiencias y percibirlas desde varias aproximaciones,

- generar conceptos e integrar sus observaciones en teorías lógicamente sólidas,

- ser capaz de utilizar eses teorías para tomar decisiones y solucionar problemas.

A partir de estas capacidades, pudo luego definir **cuatro estilos de aprendizaje: Convergente, Divergente, Asimilador, Acomodador**.

Qué es la Programación Neurolingüística

Los inicios de esta disciplina se encuentran a mediados de la década de los setenta, en EEUU a partir de los trabajos de John Grinder, lingüista y Richard Bandler, sicólogo. Ellos comenzaron a formar a excelentes comunicadores mediante la creación de modelos de habilidades de comunicación. Gracias a esto, la PNL estudia la manera en la que estructuramos nuestra experiencia subjetiva (cómo pensamos sobre nuestros valores y creencias) y cómo creamos nuestros estados emocionales (cómo formulamos nuestro mundo interior a partir de nuestra experiencia y le damos significado)[1].

Su nombre "Programación Neurolingüística" reconoce sus tres dimensiones de intervención:

P - Programación, es decir cómo ordenamos nuestras acciones para alcanzar nuestros objetivos.

N - Neurología, estudiando las funciones y el desarrollo del sistema nervioso central y periférico.

L - Lingüística: Estudio del lenguaje, su uso, conocimiento y evolución.

La PNL es una disciplina que se dedica al estudio de la excelencia en el hacer. Es decir cómo las personas y organizaciones logran obtener sus resultados. La metodología y la técnica son aspectos

---

[1] *Academia Inpact. "¿Qué es la PNL?"*

que se pueden enseñar de modo que otros también alcancen sus propios resultados, por medio de un proceso que se denomina modelado, esto es en palabras simples, comprender la estructura de un modelo (en las tres dimensiones P-N-L) e identificar cómo podemos aplicarlo a nuestro caso específico e incorporar lo que estimemos que hace falta para obtener un mejor resultado.

La PNL se desarrolla mediante la suma de herramientas prácticas y métodos que se generan a través del modelado. Estas herramientas se utilizan a nivel internacional en deportes, negocios, capacitación, ventas y el área del derecho y la educación. La PNL es muy práctica, además de entregar habilidades y teoría.

La PNL es más que un conjunto de técnicas: es una forma de pensar, una estructura mental basada en la curiosidad, la exploración y la diversión.

La PNL comenzó por estudiar a los mejores comunicadores y ha evolucionado en un estudio sistémico de la comunicación humana.

Qué es Coaching

Desde un principio basal, Coaching es un proceso de acompañamiento que genera que la persona inicie acciones claves y estratégicas que le permiten acercarse a lograr sus metas y objetivos en su vida personal, social y laboral, entre otras.

Por medio de sesiones conversacionales, el Coach le va realizando preguntas a la persona que le permiten al Coachee (quien recibe el Coaching) ir ampliando su mapa y perspectivas acerca de cada situación, generando una trascendente *toma de consciencia.*

La Zona de Confort

¿Cuántas veces ha escuchado la expresión *"Debes salir de tu zona de confort"*?

Aún para muchas personas la zona de confort parece reflejar sólo bienestar. Esto no es tan preciso. La zona de confort es su entorno conocido, en el que usted se mueve todos los días, sea esto que le cause bienestar o malestar.

Todas sus habilidades, conocimientos, actitudes y comportamientos son también parte de su zona de confort.

En diversos estudios y análisis se plantea que inmediatamente fuera de su zona de confort está su *zona de miedo,* principalmente porque la emoción asociada a lo desconocido y la incertidumbre es efectivamente el miedo. Desde mi visión, es mucho más sugerente hablar de **zona de valentía** pues aventurarse allí requiere estar consciente de todos sus recursos y habilidades.

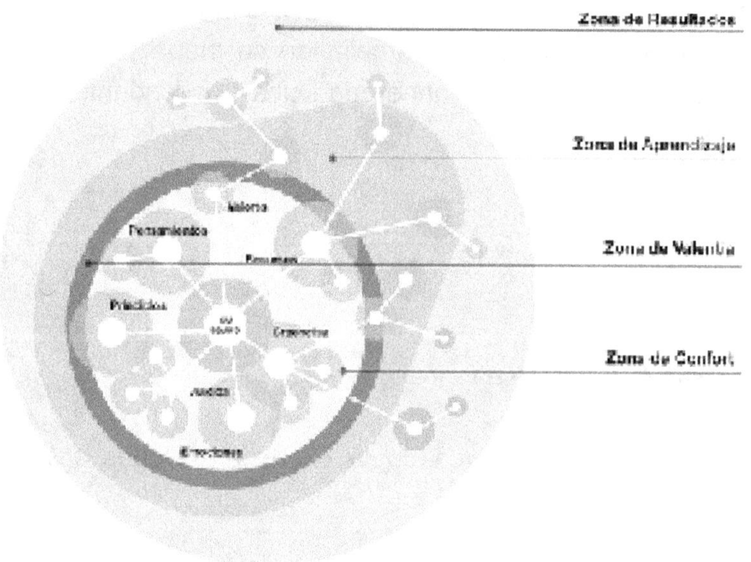

Luego se desarrolla su *zona de aprendizaje,* que se amplía cada vez que vive una nueva experiencia. En el desarrollo de esa nueva zona de aprendizaje usted comienza a aplicar todos su recursos nuevamente y toma acción. Ello trae consigo acceder a su *zona de resultados*, donde de acuerdo a la estrategia que usted siguió, obtendrá resultados favorables o desfavorables.

Las Fases del Aprendizaje

De manera simple, Howard Gardner plantea cuatro fases en el desarrollo de nuestro aprendizaje:

- **Incompetencia Inconsciente**. No sabemos que no sabemos. En consecuencia, somos libres y felices.

- **Incompetencia Consciente**. Sé (porque aprendí) que no sé.

- **Competencia Consciente**. Sé que sé y que puedo seguir aprendiendo de manera consciente.

- **Competencia Inconsciente**. Acá es donde el cuerpo es la mente.

Es relevante considerar que muchos de los equipos con los que nos encontramos, se encuentren en los últimos tres. Si sé que no sé, por ejemplo, acerca de mis tareas y del negocio, qué necesito inducción, capacitación y protocolos. Si sé que sé, entonces sé qué puedo mejorar todo el tiempo (esto puede requerir un alto nivel de consciencia del equipo). Y por último si el equipo es inconscientemente competente, quiere decir que muchas de sus acciones se han transformado en un hábito y probablemente estemos frente a equipos de alto rendimiento.

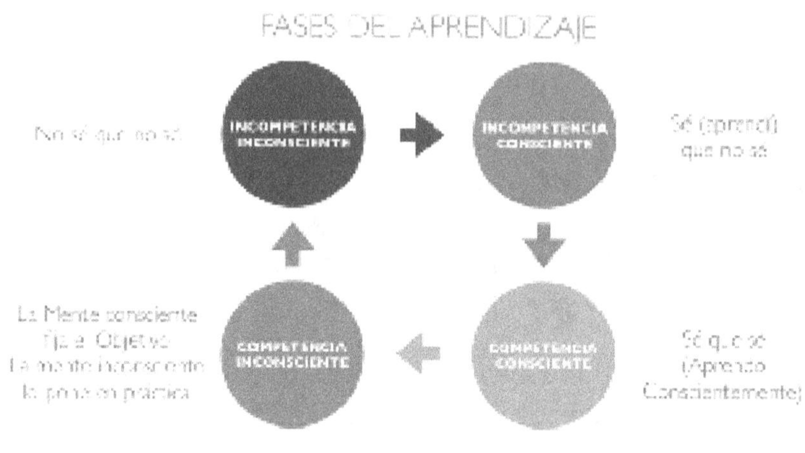

El Equipo

¿Qué es?

Es cierto y probable que muchos de nosotros ya tengamos el conocimiento y la noción acerca de qué es un equipo y cómo éstos funcionan. No obstante, desde mi experiencia aún incluso hoy nos encontramos con profesionales y técnicos dedicado al desarrollo del capital humano y sus recursos, que entienden o definen un equipo sólo como **un grupo de personas que hace algo.** Nada más lejos de la realidad y del conocimiento desarrollado por profesionales serios y con una vasta experiencia.

Es por ello que he decidido entregar algunas nociones básicas para entender en qué dimensión de definiciones nos moveremos y de este modo comprender de mejor manera los aspectos planteados en este libro.

Podemos entender que un equipo es un conjunto de personas que están vinculadas por determinados valores, que realizan actividades y procesos relacionados entre sí que por medio de sus habilidades y competencias individuales y grupales, logran objetivos, resultados y metas comunes.

Equipo Natural (de Procesos)

Desde nuestra perspectiva, entendemos un equipo de procesos como el grupo de personas que realizan y desarrollan procesos que están vinculados y que responden a una meta, un objetivo y un resultado común.

Equipo de Líderes

Entendemos un equipo de roles como un grupo de personas que poseen el mismo cargo o rol dentro de la organización donde cada uno tiene un equipo de personas que le reportan, que responden a sus lineamientos estratégicos y objetivos organizacionales.

Fases de Evolución de los Equipos de Trabajo

¿Sabe en qué etapa de desarrollo está el equipo que va a intervenir?

Sólo hablar de equipos podría tomarnos iniciar un libro nuevo completo. Incluso podría usted ir a la librería y encontrar decenas de libros que hablan acerca de los equipos, de sus dinámicas de creación y destrucción, de los modelos que estudian su desarrollo y evolución, entre muchos otros temas interesantísimos.

Para cumplir nuestro cometido, de manera de darle un visión inicial para que usted mismo(a) se aventure en la exploración de sus clientes y sus equipos de trabajo, quisiera entregarle una breve descripción del estado de evolución de los equipos:

a. Equipos en Formación

Estos equipos están principalmente centrados en conocerse, conocer cuáles son las motivaciones y expectativas de cada persona, buscar tener claridad en sus objetivos, están también enfocados en lograr una selección apropiada. Se orientan a generar espacios de integración y las actividades rompe hielo les ayudan a entender cómo piensan, sienten y actúan los otros.

b. Equipos de Proyecto

Son equipos que se forman con personas que posiblemente no hayan sido equipo antes y otros que sí lo sean, por lo que cuando inician pueden tener cierto nivel de desestabilización porque necesitan un período de adaptación que debe desarrollarse de manera rápida, porque la mayor parte de las veces, están contra el tiempo. Tienen un objetivo y una meta común específica, con roles muy bien definidos.

Requieren un alto nivel de adaptación e integración en el corto plazo de manera que su estado interno (de equipo) no afecte sus relaciones. En general están sometidos a un alto nivel de estrés

c. Equipos en proceso de Adaptación

Son equipos que en su desarrollo son impactados por diversas situaciones de contexto que los afectan de manera significativa y les exige generar mecanismos de adaptación: FUSIONES DE EMPRESAS, CAMBIOS DE LIDERAZGO, DESVINCULACIONES, CAMBIO DE OFICINA, IMPLEMENTACIÓN DE NUEVOS SISTEMAS.

d. Equipos en proceso de Asimilación (Normativos)

Cuando los equipos ya han logrado sostener en el tiempo su forma de funcionamiento, ya ha superado la mayor parte de su disfuncionalidad y ahora entran en una etapa en que todos sus procesos requieren de claridad y protocolos. Se define quiénes lideran y quiénes no, cuáles son sus funcionamientos específicos y tienden a regular los procesos que son gravitantes para el negocio. Es sabido que demasiada regulación quita fluidez al trabajo y puede incluso trabarlo.

e. Equipos en proceso de Funcionamiento y Mejora. Desempeño. Alto Rendimiento

Cuando el equipo ha logrado ya superar sus primeras etapas de integración, generar mejores mecanismos de adaptación y lograr las regulaciones óptimas, tiende a enfocarse de lleno en sus procesos con foco en la meta y sus resultados. Todos tienen claros sus roles. Pueden integrar de manera fácil nuevos proyectos y desafíos porque están cohesionados.

Existe un gran porcentaje de equipos que no logran llegar a esta etapa.

f. Equipos en proceso de desarticulación

Son los menos, no obstante nos encontramos con ellos al finalizar procesos importantes, donde las personas pierden el foco actual y se centran más en lo que viene, pierden la atención y la motivación. Es esencial en los equipos que viven esta etapa la función, disposición y motivación de su líder.

g. Equipos en proceso de desarrollo de Aprendizaje

La mayor parte de los equipos con quienes nos encontramos se encuentran en esta etapa. Algunas personas dentro del equipo tienen claridad acerca de qué deben mejorar aunque no saben cómo o no cuentan con las herramientas necesarias para lograrlo. Tienen instalado en el pensamiento colectivo del equipo que sus problemas u disfunción son "culpa" de otros (otras personas, otras áreas, su líder).

Son equipos que tienen un potencial de aprendizaje óptimo porque cualquier intervención será de un impacto positivo, generará una alta motivación y un potencial de cambios de conducta importante, principalmente porque se sienten incómodos y desean crecer.

De todas maneras no se quede sólo en estas categorizaciones. Esto principalmente porque es posible que tenga oportunidad de encontrar equipos o áreas donde los equipos puedan encontrarse en las diferentes etapas o más aún, que dentro de los equipos existan subgrupos con estados diferentes. Un tremendo desafío no?

Lo importante es lograr identificar en qué estado se encuentra el equipo, porque esto le permitirá comprender qué programa es óptimo en su intervención y será un aporte de valor al desarrollo del aprendizaje y crecimiento del equipo.

El Team Building

¿Qué es?

El concepto *Team Building* ("Construcción de Equipo", más conocido como Trabajo en Equipo), en general se entiende como una o un conjunto de Actividades o Ejercicios que permitiría a los miembros de un grupo de trabajo llegar a definirse o identificarse como un **verdadero equipo**. No obstante, esta definición es cuestionable.

Primeramente porque no necesariamente un grupo de trabajo que realiza algunas actividades simuladas en terreno durante medio día o una jornada completa se transformarán en un *Equipo de Trabajo.* Segundo, porque si bien la experiencia les otorgará aprendizajes, estos no necesariamente son conscientes. Y tercero, es muy posible que la persona no logre traspasar dichos aprendizajes a su puesto de trabajo. Es decir, no sabrán necesariamente cómo aplicar lo aprendido.

Acá hay algo casi perverso. Cuando un cliente contrata un Team Building, se establece un juicio previo acerca de que existen habilidades y competencias que el equipo no tiene en su estado actual y que requiere desarrollar (aún no sabemos con qué carácter de urgencia). Es que cuando se desea que una persona o un grupo de personas desarrolle "algo" donde se genere un cambio de conducta (un aprendizaje), es principalmente porque en esa persona o grupo no se manifiesta dicha conducta o dicha conducta es disfuncional, es decir están pasando cosas dentro de la organización (relaciones de procesos, relaciones de personas, conductas) que se desea dejen de ocurrir; o hay cosas que no están pasando que se desea que sí pasen.

Por otra parte, en general existe un corte significativo en el hilo conductor metodológico entre el team building y los contenidos relevantes del proceso del cliente que se desea desarrollar. Esto principalmente porque hay pérdida de información en la transmisión del encargo —desde el cliente final (quien participa) al área de Recursos Humanos, luego a la consultora y finalmente al Coach que actuará en terreno—, debido a que muchas empresas (o consultoras) contratan otras empresas que desarrollan "actividades" que pueden ser muy entretenidas, pero que no se corresponden, de alguna manera, con el marco teórico y metodológico que el programa debiera considerar para generar aprendizajes más significativos; y es luego el consultor o el Coach quien requiere reconectar la experiencia con los contenidos de manera de poder otorgarle mayor coherencia al proceso. Esto no parece tan difícil cuando se cuenta con profesional certificado y con experiencia en dichas materias.

Ocurre también que nos encontramos con clientes que o no han sido preparados para elaborar procesos de este tipo (el clásico *"… es primera vez que hacemos esto…"*); o carecen de una visión integral y sistémica del proceso en el cual se inserta el team building, lo que que genera **que sólo se vea la actividad como un fin en sí mismo y no como un medio para generar aprendizajes**.

El problema que esto desencadena, es que las expectativas de aprendizaje del cliente suelen ser más altas que "su pedido" pero no son explícitas en este último. La consecuencia más evidente de ello es que los participantes lo pasan bien, se divierten, se van a casa, no sabemos bien si aprendieron lo que se deseaba que incorporaran y el cliente responsabiliza a la Consultora por este resultado. Comentario típico: "*Sí, lo pasamos bien, pero...*" Y súmele al "*pero*" lo que se le venga a la mente. Y después de ello que pasó...NADA.

Luego, aunque parezca de perogrullo, debiéramos ir más atrás y preguntarnos ¿cuál es el sentido y propósito del team building? ¿en qué contexto del equipo se inserta? ¿qué es aquello que se desea transferir a los participantes? ¿cuáles son los mensajes clave a los cuales se les desea dar énfasis? ¿qué deseamos que digan después de haber vivido una experiencia como ésta? Sin duda, que traspasando estas preguntas a nuestro cliente , lograremos de entrada un aproximación más certera acerca de qué tipo de experiencia debieran experimentar.

Desde nuestra re-definición entenderemos el team building como *un conjunto de Actividades, Ejercicios o Desafíos que permite a un equipo volver a mirarse, viviendo una experiencia simulada desde donde* ***logran obtener aprendizajes significativos que pueden transferir a su trabajo diario***.

Esto último es clave para cambiar el sentido de ahora en adelante, pues si no se genera aprendizaje, entonces es posible que sólo estemos hablando de una actividad recreativa. Con esto quiero decir que si sólo juntamos al equipo para recrearse y pasarla bien, es sólo un programa de entretención, NO es un programa de Team Building, pues el bien superior del desarrollo de los equipos es su **permanente sentido de aprendizaje**.

Tipos de Team Building

Podemos entender que existen tantos tipos de team building como personas creativas existan. No obstante para nuestra clasificación podemos definir las siguientes categorías:

Competitivos. En este tipo de programa los Equipos compiten entre sí y siempre hay un ganador. Perdedores por lo demás, también los habrá (todo el resto del grupo), por lo que en este tipo de programas es conveniente eliminar la competencia entre equipos y situarla fuera de ellos, de manera que sea un objetivo-meta del grupo completo, donde, si bien todos compiten por ser los mejores, el objetivo es en conjunto.

Creativos. Los equipos deben crear algo a partir de algún elemento conocido (o no), donde ponen en juego toda su creatividad, imaginación e inventiva. Los resultados muchas veces son inimaginables inicialmente y superan las expectativas del equipo completo, pues la creación es continua, diversa, múltiple e interactiva.

Incentivo. Existen muchísimas empresas que han visto en los programas de Team Building no sólo la posibilidad de generar aprendizaje en sus colaboradores sino también la posibilidad de incorporarlos como parte de sus programas de incentivo. Uno, porque en definitiva "saben" que además de contribuir a al desarrollo de habilidades y competencias, se genera un nivel de interacción, participación y conocimiento entre sus colaboradores en un contexto diferente y en una dimensión que aporta a su evolución como personas, profesionales y como equipo.

Aprendizaje. Sin duda alguna y desde mi perspectiva, son aquellos más importantes a la hora del potencial de desarrollo. Como decía Platón *"todo aprendizaje tiene una base emocional"*. Hoy sabemos desde el desarrollo del conocimiento que todo aprendizaje es emocional, mental y corporal, en consecuencia cualquier experiencia que vivamos nos otorgará una dimensión de aprendizaje fundamental para nuestra vida y nuestro trabajo. ¡Qué trascendente sería nuestro día a día si fuéramos conscientes de ello todo el tiempo!

Luego, una experiencia de team building que esté basada en el aprendizaje individual como del grupo, provocará un nuevo espacio de conversaciones; un nuevo espacio de comunicación con uno mismo y con el equipo que no se había venido desarrollando antes y que por consecuencia modificará este sistema dinámico de desarrollo que son los equipos naturales a un nuevo estado de evolución.

Aquellos que eligen vivir una experiencia, pueden llegar a cambiar sus vidas para siempre…

Tendencias

El desarrollo y evolución de los equipos naturales en relación con el mundo global y de acuerdo a los nuevas exigencias del siglo veintiuno (eficiencia, efectividad, resultados, tecnologías de información, relaciones vinculantes y significativas a nivel de procesos y personas); establece una tendencia natural hacia la cooperación, integración y apoyo integral más que a la competencia, que desde mi perspectiva, es una herencia natural que obtuvimos del desarrollo del siglo XX.

Esta nueva visión de equipos integrados e integrales parece dar una respuesta mucho más efectiva a los desafíos que cada uno tiene por delante.

Un ejemplo interesante de analizar en relación con un programa de Team Building que realizamos fue el caso de un cliente que deseaba *"generar cohesión, integración y colaboración del equipo completo, son casi puros hombres y queremos adrenalina"*. Para ello habían elegido como actividad realizar un Paintball. Reunión inicial: Coaches PLOP! Luego de una prolongada inspiración, pregunta inicial del Coach *"—¿Conoce los principios del Paintball* ? Cliente: *"No."*

Aquí es donde nos encontramos con un cliente que deseaba generar aprendizaje sin conocer los principios de aprendizaje de la experiencia que está eligiendo, por lo que no era consciente de la **incongruencia entre los Objetivos de Transferencia y la Experiencia.**

Desde una definición simple y sin desmerecer la entretenida experiencia del Paintball, el Objetivo es formar diferentes equipos que deben competir entre sí para…mermar, anular, aniquilar, acabar, destruir (ocupe el término que mejor le satisfaga) o "matar" (en sentido figurado claro) a los otros equipos…de sus mismos compañeros de Equipo!! donde finalmente hay un solo equipo ganador.

Si bien esta es una experiencia que posee claros ejemplos de comunicación, liderazgo y estrategia, junto con otra serie de habilidades y competencias que son necesarias para "ganar" (o si usted desea para tener éxito; o lograr la meta), su concepto más fuerte de fondo es competir, competir y competir para ganar, lo que aumenta la brecha de separación, asignación e individualidad de cada equipo, en relación con el resultado global.

Entonces, frente a la obstinación del nivel directivo con realizar sí o sí el Paintball, incluso habiendo explicado la incongruencia entre los contenidos, los aprendizajes y la experiencia, teníamos un gran desafío por delante, que respondía a la siguiente ecuación a resolver:

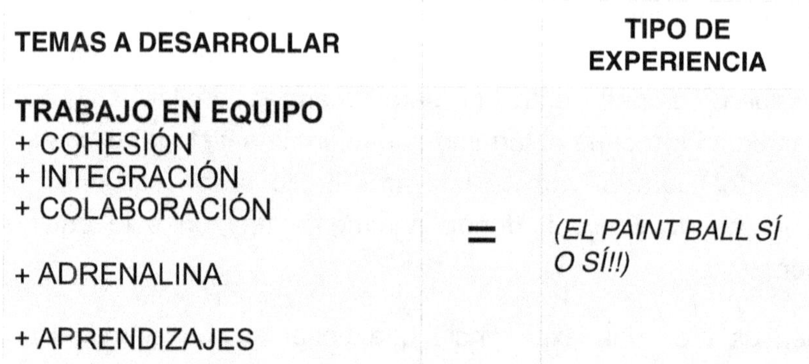

Una variación creativa de lo que hicimos fue entender que los aspectos del trabajo en equipo (en este caso cohesión, integración, colaboración) son **aspectos internos** del equipo global (todos los equipos naturales) que debían traducirse en conductas observables en terreno. Que la adrenalina estaba otorgada *per se*, en el sentido que al equiparte y entregarte un "arma" (en este caso un rifle semiautomático con bolitas de pintura), ya nos hace situarnos y proyectarnos como soldado universal listo para el combate. Y por último, la posibilidad de generar aprendizajes significativos, estuvo otorgado por **transformar la naturaleza de una *experiencia competitiva* a una *experiencia creativa***, es decir que la experiencia fuera generadora de acción creativa, sin perder la naturaleza de la experiencia.

Lo primero que hicimos fue **situar el desafío** (el objetivo-meta) **no como proceso interno y sino como proceso externo**. De este modo, el antagonista de la experiencia no está dentro del equipo global, ni entre los equipos, sino que es un proceso externo al que <u>todos</u> los equipos deben responder de la mejor manera para tener éxito. Desde la metáfora, era también posible entender que *aquello externo* podía estar referido al Mercado, la competencia en el rubro, la situación país, entre otros, aspectos que le otorgaban mayor coherencia al proceso de aprendizaje.

Qué hicimos. Situamos en la ladera de un cerro a tres expertos tiradores ex Infantes de Marina, equipados con camuflaje y con sus respectivos rifles de Paintball. (sólo recordarlo me emociona). Los equipos, que inicialmente partieron (como parte de su naturaleza) actuando por sí solos, a poco andar, volvían de la ladera del cerro cada vez más mermados sin poder lograrlo… Hasta que en una breve y estratégica reunión de los líderes en la base del cerro, logran darse cuenta que deben diseñar una estrategia más eficaz, conjunta y colaborativa.

Lo habíamos logrado. Esto, principalmente porque el Desafío cambió radicalmente para ellos. Los llevó a pensar estratégicamente y como un solo equipo integrado.

Lo primero que realizaron fue enviar "observadores" para lograr situar los puntos donde se encontraban los francotiradores. Habiendo identificado las áreas donde se encontraban, crearon grupos estratégicos de avance, un líder, tres de apoyo para cubrir y un francotirador. Esto fue fundamental pues contaban con seis, el doble que los infantes de marina. Por último, generaron una estrategia de fuego cruzado. Esto dejaría al "enemigo" sin capacidad de respuesta simultánea en varios flancos.

El asedio duró alrededor de tres horas, hasta que lograron su objetivo: Traerlos prisioneros y desarmados al campamento base.

El brillo de éxito y meta lograda en sus ojos al volver al campamento base era indescriptible. Orgullo, satisfacción y un gigantesco SENTIDO DE EQUIPO. Lo más importante, es que habíamos logrado llevar al equipo a un estado superior de desarrollo y aprendizaje.

Otra variación, más lúdica y donde también pueden participar personas de ambos géneros, fue generar el "secuestro" por parte de nuestro equipo, de los líderes de los equipos naturales (todo prediseñado y elaborado con los niveles directivos), de manera que fueron llevados a una torre y vestidos como terroristas. El Objetivo de la experiencia es que cada equipo debe recuperar a su gerente, sin saber que son ellos mismos quienes tratarán de evitarlo. Cada equipo debe recopilar una serie de banderas como registro de avance. Al lograr recolectar todas sus banderas, pueden situar una escalera que los lleva a la torre. No obstante realizarlo sólo como equipo individual es imposible, por lo que el equipo debe también diseñar una estrategia conjunta con los otros equipos. Hay dos aspectos singulares: El hecho de estar sin sus líderes genera que el equipo "funcione" de manera diferente. Y segundo, todos están equipados con grandes pistolas de agua!!! por lo que es una experiencia muy entretenida, dinámica y mojada!!!

Una tercera variación, que además le suma complejidad al desafío, ha sido incorporar una persona en camilla a la que el equipo debe cuidar y llevar durante todo el recorrido del desafío. Lo más interesante de ello es cómo el equipo toma la responsabilidad del herido en la camilla. Como un lastre, como un problema, como un peso con el que debemos cargar todo el tiempo; o en definitiva, como el verdadero desafío.

Team Building - Team Coaching y Team Building Experience®

Es importante conocer esta distinción. Y para ello es necesario entender también sus definiciones. Esto principalmente porque la mayor parte del tiempo, cada cliente entiende el concepto de Team Building de manera diferente. Para algunos es sólo la actividad (la experiencia) o una jornada completa de actividades que incluye el trabajo con un Coach; para otros es Team Coaching (Coaching de Equipo). Luego, para lograr ciertas distinciones:

Team Building. Experiencia de Equipo. Es aquello que de manera frecuente están buscando las empresas. Cada día más, afortunadamente, el encargo establece al menos, que la experiencia que viva el equipo tenga relación por lo menos con algunos de los temas que estén desarrollando. Es una experiencia de aprendizaje, que utiliza la actividad en terreno como metáfora, como un medio práctico para aplicar conceptos, identificar valores, creencias limitantes y potenciadoras, habilidades, competencias y paradigmas culturales que puedan estar instalados en la organización y que están limitando su desarrollo.

Team Coaching. Proceso de acompañamiento del equipo en sus procesos de trabajo (Trabajo en su contexto real). En general, se realiza en las oficinas del cliente, no obstante es posible realizarlo en otros espacios, trabajando sobre procesos de trabajo contingente y no en un entorno de simulación.

Team Building Experience© (TBE©). En nuestro desarrollo, es el proceso de acompañamiento de los equipos desde la etapa previa al programa o jornada que el equipo realizará en terreno, que considera un evaluación o diagnóstico inicial (hay veces en que este diagnóstico ya existe de parte del cliente) y que además incorpora la Experiencia de Equipo + Coaching en Terreno (Trabajo en contexto simulado) + Proceso de Transferencia + Acompañamiento del equipo en sus procesos de trabajo diario o en la empresa (Seguimiento). Es decir un ***Proceso Integral*** de asesoramiento del cliente y del equipo en desarrollo.

Visión Sistémica del Proceso

Para el diseño, metodología, implementación y seguimiento de un programa de Team Building es necesario mantener una visión sistémica del proceso y de las relaciones con cada una de sus partes de modo de mantener un *hilo conductor de aprendizaje* durante todo el proceso. Para ello, sugiero considerar los siguientes aspectos:

Diagnóstico Inicial

Partamos de una base real. De alguna manera, todos nuestros clientes si bien no necesariamente pueden tener un diagnóstico oficial (basado en evaluaciones profesionales externas o internas) tiene un juicio (una creencia) basado en su experiencia con el equipo, en consecuencia ya han identificado qué se desea mejorar, ya sea porque está pasando algo que desean evitar o eliminar; o debido que hay algo que no está pasando que desean que ocurra.

Es decir, en general hay un "diagnóstico básico". Este siempre puede ser nuestro punto de análisis inicial. De aquí hacia arriba, toda la información que logremos recopilar con evaluaciones o diagnósticos más exhaustivos, serán un aporte a nuestro diseño y de manera evidente al resultado que podamos lograr.

Debemos tomar en cuenta que la mayor parte de las veces no tenemos mucho tiempo para elaborar este diagnóstico inicial y por eso fijaremos la *Reunión de Levantamiento de Información* a la brevedad para contar con esta información fundamental. Sin ello, consideremos que sólo realizaremos un plan de actividades, que puede ser entretenido o no, que no tendrá el impacto que (siempre) el cliente está esperando.

En esta reunión inicial, deberá identificar los siguiente:

- ¿Cuál es la historia del Equipo?

- Experiencia previa del Equipo en programas similares ¿Es la primera vez? ¿es la décima vez? ¿Qué tipo de experiencia fue la que vivieron? ¿Hace cuánto tiempo?

- ¿Quiénes participan del programa?

- ¿Qué promedio de edades tienen los participantes?

- ¿Qué relación de hombres y mujeres hay en el equipo?

- ¿Qué roles y cargos desarrollan dentro de la organización?

- ¿En qué fecha estimada requieren realizar el programa?

- ¿Cuáles son los Objetivos de Transferencia?

- ¿Qué se espera que ocurra en la jornada?

- ¿De qué se debe hablar y de qué no?

- ¿Cuáles son los mensajes clave que desean transferir?

- ¿Cuáles son los aprendizajes que se desea apliquen en su trabajo diario?

- ¿Qué conductas desean observar en los participantes?

Contenidos Temáticos

De las preguntas anteriores podrá identificar cuáles son los temas que el equipo necesita desarrollar. Ponga atención, como ya he mencionado, que no siempre el cliente tiene tan claro si se trata de desarrollo de habilidades de liderazgo o de trabajo en equipo; y aunque ambas están relacionadas, lo más importante es detectar qué temas (3 a 5) efectivamente ese equipo necesita poner en práctica.

Desafío (La Experiencia)

Aquello que ustedes identifique como "la experiencia" será fundamental a la hora de analizar el resultado que desea obtener. Es importante comprender que una gran aventura pasa por experimentar algo que jamás hemos vivido. Luego algunas preguntas importante en esta parte son:

- ¿Qué experiencia es la más apropiada para este equipo?

- ¿En qué tipo de experiencia se ponen en práctica los temas que el cliente desea desarrollar?

- ¿En qué experiencia aparecen los aprendizajes que el cliente desea desarrollar?

- ¿En qué experiencia se desarrollan las conductas que se desean observar?

Aquí nuevamente no se limite a pensar en lo conocido. Vaya más allá, mucho más allá. Esto es pensar en su vida, en la vida de otros, en experiencias que ha visto en televisión, en un libro, en un película en el cine, en un cuento fantástico. Recuerde siempre que irá de lo general a lo específico, a lo esencial, donde estará contenido todo aquello que es necesario que ocurra…y más. Esto porque además sabemos que es posible que sucedan cosas en el equipo que están más allá de nuestra imaginación y que pueden ser un tremendo conocimiento y aporte para la evolución del equipo.

Reencuadre. Reflexión de Aprendizaje

El principio fundamental es "parar para mejorar". La dinámica del trabajo en el día muchas veces no permite generar las conversaciones y reflexiones necesarias para hacer consciente aquello que sucedió y y aquello que observamos durante el programa. En consecuencia, al implementar un programa de Team Building tenemos un territorio de oportunidad maravilloso para abrir un espacio de conversación y reflexión que, si logramos anclarlo en el equipo, podrán transformar su forma de trabajo para siempre. Es fundamental que el Coach o facilitador guíe esas conversaciones y reflexiones, recapitulando cada tema principalmente porque los equipos tienden a ser muy descriptivos de las situaciones y a ratos les cuesta llegar a lo importante.

Seguimiento y Transferencia

Desde mi perspectiva el Seguimiento del Equipo debe realizarse sí o sí, ya sea de manera interna o externa. Para ello es necesario contar con una contraparte (en el cliente) que posea tanto las competencias profesionales como las herramientas para seguir este proceso. La generalidad y nuestra experiencia (a menos que el programa se inserte dentro de un plan de desarrollo profesional) han determinado que la mayor parte de los clientes "elige" no dar seguimiento a sus equipos y contratan a la consultora seis meses o un año después de la intervención.

El Seguimiento permite verificar si aquellos aprendizajes que se manifestaron durante el programa se están aplicando en el día a día. Cabe considerar que de nuestra jornada el equipo se llevó un plan de acciones que pudo comenzar a partir del día siguiente. Las jornadas de seguimiento permitirá ver qué aspectos están impidiendo aplicar dichas acciones y cómo modificar la estrategia para ver si se trata de aspectos internos o externos del equipo que deben ser revisados.

Sólo de esta manera es posible asegurar de manera efectiva que los participantes lograron transferir sus aprendizajes al trabajo y que se están generando conductas diferentes a las que venían desarrollándose previos a nuestra intervención.

A modo de ejemplo, a continuación se muestra los 4 pilares que es necesario tener en cuenta a la hora de definir cualquier programa de Team Building al Aire Libre o en salón:

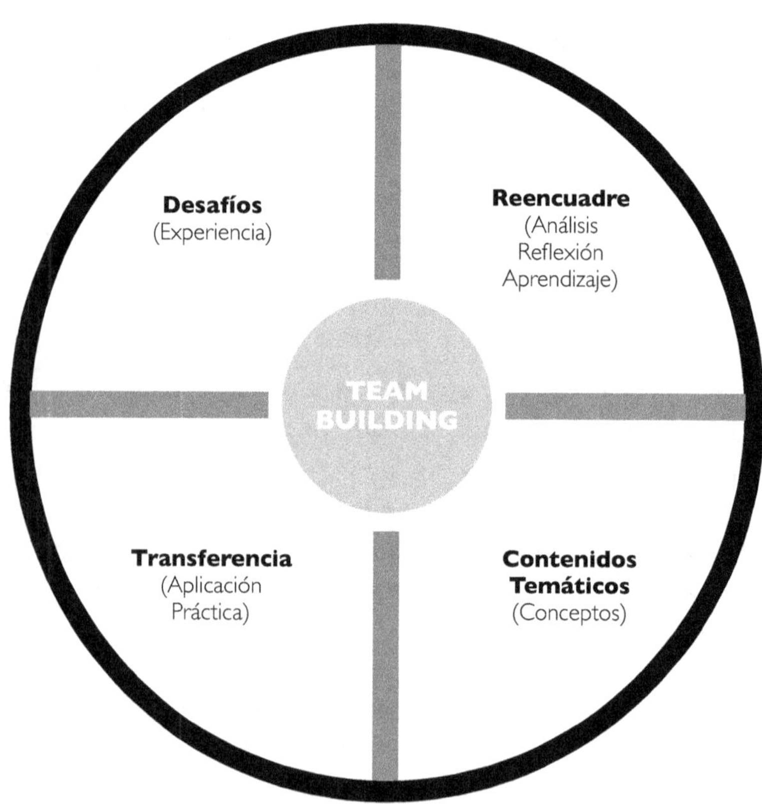

Team Building Experience ©

Nuestro Modelo de Trabajo

Aplicación Práctica

- **Para las Empresas, Instituciones, Universidades y Colegios**. Si bien es cierto que el estado actual en los procesos de desarrollo organizacional puede tender a la especialización, esto también puede limitar nuestro quehacer a determinado tipo de clientes. Consideramos que nuestro modelo es aplicable a empresas de diferentes rubros de la industria porque independiente de su rubro específico, los problemas, limitantes y fortalezas que poseen los equipos de trabajo, son generalmente los mismos.

- **Para las Consultoras de Desarrollo Organizacional**. Pensamos que este modelo de intervención asegura responder a los clientes de las consultoras porque mantiene la *coherencia en el aprendizaje de los participantes*. Posiblemente la única aprehensión que se debiera tener -dependiendo de su relación, el tipo de acuerdos y la ética de los consultores-, es la posibilidad de que ellos repliquen sus intervenciones. Para ello sugiero generar acuerdos previos o incluso un acuerdo de co-participación y confidencialidad para evitar esto. Por lo demás, lo importante y que se transfiere al cliente será su *forma de hacer* que lo hace a usted único.

- Para el Coach.

En particular sugiero que a partir de los modelos que pueda haber desarrollado en su experiencia profesional, logre diseñar su propio modelo de intervención porque ello lo hace único e irrepetible. Es usted y su forma de trabajo. Esto no tiene posibilidad de ser copiado o replicado por nadie. Define su estilo de trabajo y eso es lo que más valoran todos los clientes. Como anécdota, llegan a nuestra oficina clientes que han realizado programas "parecidos" con pésimos resultados y cuando indagamos sólo un poco, es posible detectar las falencias que tuvo el proceso de intervención, ya sea en el pedido inicial, en el desarrollo metodológico, en la implementación en terreno o en la intervención del consultor o coach.

Este modelo define protocolos que si se siguen de manera específica le aseguran un resultado de calidad, una experiencia de impacto y lo más importante: marcar un antes y un después de su intervención, es decir, su cliente valorará aquello que suceda después de su intervención de manera significativa.

Nuestro Modelo de Aprendizaje: STEP PRO®

He mencionado previamente la importancia de la generación de un nuevo espacio conversacional para el equipo. Esto trae consigo una serie de características propias del proceso que se debe generar. La mayor parte del tiempo los equipos no están conscientes de la necesidad de establecer estos espacios de conversación.

Los equipos de trabajo son un sistema dinámico, a menos por supuesto que se trate de un equipo de proyecto, recién formado, donde se deben establecer los parámetros de su metabolismo interno. Si no, el equipo es una evolución (o involución) constante, que se dirige al crecimiento o a su fracaso.

Cuando el estado actual del equipo ha estado determinado por su dinámica del pasado, es muy posible que existan disfuncionalidades en su comunicación, se hayan instalado creencias (o paradigmas) que limitan su crecimiento, es posible que existan roces a nivel personal, exista algún tipo de (re)sentimiento a nivel emocional tanto de manera individual como colectiva o que su líder aún no haya logrado establecer relaciones óptimas dentro de su equipo.

El nivel de su liderazgo está determinado por el nivel de sus conversaciones

A partir de esto y basado en el pilar del Lenguaje de la Neurolingüística, se abre un espacio para generar nuevas relaciones. Alejarse entonces de las conversaciones funcionales y generar conversaciones inspiradoras, poderosas.

En esto el líder del equipo juega un rol fundamental con quien es necesario generar una alianza poderosa porque ello determinará la profundidad de la transferencia al resto del equipo.

Nuestros programas de Team Building entonces se transforman en una oportunidad magnífica para abrir este nuevo territorio.

En mis charlas y programas siempre les comento a los participantes: *"Miren lo que ha sucedido…Ustedes están aquí y la empresa sigue funcionando…"* Esto principalmente para colapsar la creencia de *"no tenemos tiempo para nada…"* o *"parar a hacer un team building será una pérdida de tiempo"* o *"no es el momento adecuado para hacer esto, no lo podemos poner en la agenda"*

Romper estas creencias limitantes que pueden estar arraigadas en el mismo equipo o en sus líderes, establece un paso adelante en sus propio desarrollo. Y continúo: *"…Es que si están aquí quiere decir que es posible parar y abrir un espacio para generar nuevas conversaciones y mejorar. Lo importante ahora es ver cómo lograremos instalar esto en sus propias agendas…"*

Para ello, diseñé de manera fácil y práctica el **Modelo STEP PRO®** que ya ha venido realizando desde hace varios años con líderes estratégicos, equipos naturales y de proyecto, asegurando un resultado de calidad para nuestros clientes y otorgando continuidad en el aprendizaje de quienes han sido parte de nuestros programas.

La idea inicial se basó en la famosa frase de Neil Armstrong al llegar a la luna *"That's one small step for a man, one giant leap for mankind…"*

(*"…Esto es un pequeño paso para un hombre y un salto gigante para la Humanidad…"*)

Haciendo una paráfrasis de esto, me planteé: *"Un pequeño paso para sus colaboradores y un salto gigante para su organización."*

Esta frase está basada en que muchas veces pensamos que si tenemos grandes metas tenemos que necesariamente realizar una sola gran acción para lograrlo. El conocimiento y la experiencia me han demostrado que sólo debe dar el primer paso hacia esa meta, con una pequeña acción, por mínima que sea y esto le hará avanzar un paso más en la dirección correcta. Esto porque activa una modificación en su propio sistema de creencias, de sus estrategias y de sus acciones.

Sabemos también que el proceso de Coaching es un proceso de aprendizaje que tiene una base de conversaciones y preguntas realizadas por el Coach que llevan a la persona o al equipo a un nivel superior de consciencia acerca de sí mismos.

Esto es importante. No tengo claro si ello ocurre en todos los países de Latinoamérica, pero al menos en varios de los que he estado, los equipos NO HACEN PREGUNTAS!

Hemos llevado la estadística durante estos años y es que en los programas que realizamos, se les plantea a los equipos que podrán hacer tres preguntas durante la experiencia que *"les otorgarán mayor comprensión y les ayudará a lograr un mejor resultado…"* Adivine…Más del 90% de los equipos NO HACE PREGUNTAS.

Creo que esto se basa en que a nuestro cerebro le gusta dejar de pensar y tiende a automatizar todo. El escenario poco favorable de esto es que en algún momento llegamos a creer que haciendo lo mismo lograremos un mejor resultado! Triste, pero cierto. Esta creencia es estéril, pues necesitamos hacer cosas diferentes para lograr resultados diferentes. Y las preguntas son parte de la base de la transformación personal y colectiva (el equipo). Acá es dónde aparece la paradoja y la oportunidad. La paradoja es que es difícil que un equipo se haga las preguntas que necesita si NUNCA SE HA HECHO PREGUNTAS, simplemente porque no sabrá qué preguntar. Si no saben qué preguntar entonces difícilmente pueden saber la respuesta (que es el camino) para lograr avanzar hacia mejores resultados. La oportunidad diría yo, es nuestra. Esto porque aquí es donde entramos con toda nuestra experiencia a intervenir la dinámica interna del equipo por medio del Coaching y nuestros programas de Team Building.

Podemos entender entonces que el **MODELO STEP PRO** es un ***Modelo Conversacional*** que le permitirá tanto al Coach (o facilitador) como al equipo hacer(se) determinadas preguntas que le ayudarán a nutrir la reflexión y a mirarse a sí mismos para acceder a un estado superior.

Para establecer las fases y etapas del modelo se estableció un acrónimo simple y de fácil aplicación:

S

STOP. El primer paso es hacer un alto en el camino. El sólo hecho de lograr realizar la jornada de Team Building, aunque puede parecer algo trivial es un paso fundamental. Acá hay mensajes extraordinarios para el equipo, como por ejemplo que la organización ha entendido que su mayor activo son las personas. Es interesante medirlo en términos de energía, es decir todo aquello que es necesario hacer para movilizar al equipo a un entorno diferente, fuera de la oficina, para ver, entender y aplicar conceptos y desarrollar temas que son significativos y gravitantes para la empresa.

Desde la aplicación práctica:

Es necesario hacer un alto en el camino.

¿Qué debemos dejar de hacer inmediatamente?

¿Qué está afectando el logro de nuestro resultados?

¿Qué estamos haciendo hoy para NO lograrlo?

¿Cuáles actitudes y relaciones son las que no conviene mantener?

¿Qué beneficios obtendremos al eliminar ciertos comportamientos?

¿Cómo nos sentiremos sin determinadas conductas y procesos?

¿Qué acciones estamos realizando que ya no nos agregan valor?

TIEMPO. En el estado actual de las cosas, el tiempo es nuestra variable determinante de todo lo que hacemos día a día. Las personas se quejan que no tienen tiempo en el trabajo, para sí mismos, para su familia, para sus hijos, como si nos hubiéramos equivocado en la configuración inicial de nuestra temporalidad. Desde nuestra experiencia, la mayor dificultad para los equipos está en la **gestión del tiempo,** es decir realizar un conjunto de operaciones que tienen un objetivo o una meta individual y en común, que se hace necesario revisar porque en algún momento perdimos el norte, en consecuencia, *el tiempo* es parte estructural de nuestra brújula interior y del tiempo externo que DEBEN calzar. Cuando se produce el desajuste, todo el sistema comienza a desestabilizarse.

En general mi primera pregunta a quien menciona que no tiene tiempo es *"¿Cómo mide su tiempo?"* A lo que en general contestan que no lo miden. La pregunta siguiente: *"...Y si no lo mide...¿cómo sabe que le falta?"* Lo que es cierto es que tendemos a trabajar de manera proporcional al tiempo que tenemos disponible. Pensemos...Si le digo que el proyecto se entrega en 6 meses más ¿Cuándo comenzará? ¿mañana? Ahí es donde aparece la gestión, es decir coordinar una serie de acciones que se sitúan digamos sobre el tiempo, porque el tiempo del día a día con todas las circunstancias que ya conoce no le permitirán llegar a tiempo. Entonces ocurre la disociación del tiempo. Deja de ser un tiempo experiencia y pasa a ser un un tiempo mental, sobre el cuál sí podemos planificar y reflexionar. El desajuste temporal le ha provocado al equipo

Desde la aplicación práctica:

Tómense un tiempo para reflexionar acerca de cómo han manejado el tiempo hasta hoy ¿Qué pueden decir al respecto?

Ahora observe su tiempo y mídalo.

¿Cuánto tiempo tenemos o nos falta?

¿Qué tiempo requiere cada proceso?

¿Cuánto tiempo tiene disponible para lo que desean lograr?

¿Cuál es el mejor momento para implementar lo que queremos hacer?

¿Qué haremos para ser más efectivos y más eficientes en el tiempo que tenemos disponible?

¿En qué momentos tenemos evidencia de haber sido efectivos en nuestros resultados?

E ESTADO INTERNO. Desde mi perspectiva este es uno de los aspectos fundamentales en el desarrollo de todo equipo ¿Qué define el estado interno de un equipo? Su energía interna, sus relaciones, su estado de ánimo, su emocionalidad. Estos aspectos intangibles nos dan a conocer el alma, el espíritu del equipo, que se traduce en conductas de colaboración, apoyo mutuo, celebración en el logro de resultados. Aquí podría extenderme creo que un libro más porque este tema es realmente fascinante. Eso sí le dejaré una pregunta:

¿De qué manera el estado interno del equipo influye en su capacidad de lograr resultados efectivos?

Desde la aplicación práctica:

El estado interno de cada persona está determinado por el Foco, el Lenguaje y su Fisiología. Como Coach o Modelador, modifique y active el Estado Interno actual del equipo. Puede realizar desde una visualización creativa o una breve meditación guiada que los conecte con un estado favorable y creativo. Pregunte:

¿Cómo se siente?

¿Cuál es el estado interno de su Equipo?

¿Qué necesita cada uno para sentirse en un estado óptimo para seguir adelante de la mejor manera?

¿Qué debo activar internamente en mí para otorgar mi mejor aporte de valor al equipo, al proceso?

¿Cómo nos queremos sentir durante este nuevo proceso que iniciaremos?

¿Qué desean lograr en esta etapa?

P PLAN DE ACCIONES. Hasta este punto, para nosotros es evidente que las estrategias y acciones que el equipo ha seguido lo han llevado hasta este lugar y se desea que accedan a un nuevo estado de situación, obteniendo resultados más favorables. Para ello, el equipo <u>debe</u> *definir un Plan*. Además, es importante que debe ser un Plan de Acción Masivo. Este será su nuevo Mapa de Ruta.

Desde la aplicación práctica:

Defina una nueva Estrategia

Si pudiera ejecutar una acción, por mínima que fuera que tuviera un impacto favorable y positivo ¿Qué haría?

¿Qué acciones son necesarias para llegar con éxito a nuestra meta?

¿Qué no podemos dejar de hacer?

¿Qué factores internos (del equipo) o externos (otros) pueden afectar el proceso de manera significativa que antes no habíamos considerado?

¿Qué vamos a hacer para minimizar nuestro riesgo y maximizar nuestros resultados?

¿Qué acciones del pasado serían apropiadas para lo que viene?

¿Cuáles podrían asegurarnos un buen resultado?

Haga una lista de 10 acciones a seguir en los próximos 10 días

P

PREPARE sus Recursos. Para enfrentar cualquier nuevo desafío es necesario generar(se) una carga importante de recursos disponibles para aplicar en el camino de acuerdo a los procesos o situaciones que se van a experimentar. Desde las presuposiciones más poderosas de la Neurolingüística, las personas y los equipos cuentan con los recursos (internos) para evolucionar de manera favorable. En esta etapa le ayudará al equipo a visualizar no sólo sus recursos internos, sino que también deben tomar consciencia de los recursos externos que pueden facilitar el proceso.

¿Con qué recursos personales cuentan?

¿Con qué recursos cuenta su equipo?

¿Qué otro tipo de recursos necesitan?

De los mejores recursos que poseen ¿Cuáles recursos son los más apropiados para esta etapa?

¿Qué personas son las más aptas para llevar a cabo este nuevo proceso?

¿Cómo aprovecharán sus recursos de la mejor manera?

REVISE. Antes de iniciar su ejecución, el equipo debe chequear cada fase de esta nueva etapa, para lo que deberán realizar su Mapa de Ruta haciendo un esquema con cada fase del proceso y verificando que corresponden de manera efectiva al plan trazado. Este es el momento de ajustar o transformar aquello que aún no esté definido. Debe considerar la flexibilidad posterior de la modificación de esta estrategia en su fase de ejecución y feedback.

Desde la aplicación práctica:

¿Necesitan algo más?

¿Ha definido los responsables y sus compromisos?

¿Están todos de acuerdo? Si no, ¿qué se requiere para que así sea?

¿Qué ajustes se requieren para iniciar?

O **OPERE SUS ACCIONES**. Llegó el momento…En la parte del Reencuadre del programa con un cliente hace unas semanas, apareció la inquietud de uno de los participantes pues habían logrado un avance extraordinario durante toda la jornada. Entonces le apareció la pregunta de cómo harían ahora para que todo ese avance no quedara sólo como una *"declaración de buenas intenciones"* sino que tuvieran una ejecución concreta y práctica. Es lo que denomino el *efecto rebote,* la *vuelta a la realidad.* Esto sucede principalmente porque algunos integrantes del equipo aún no han in-corporado (hecho cuerpo, anclado) que lo que acaban de hacer ES parte de lo que deben poner en práctica; es decir, entrenar y transformarlo en hábito.

Si ello le ocurre entonces (que fue mi sugerencia en ese momento), debe establecer inmediatamente su propia sesión de seguimiento. Esto es definir una reunión estratégica de trabajo para iniciar su operación y ajustar cómo instalarán en su agenda estas nuevas *reuniones de mejoramiento* (no de coordinación de procesos) para mantener el mismo nivel de energía que ha aparecido durante la jornada. En ocasiones, *evitar el efecto rebote* es el desafío más grande que el equipo y sus líderes requieren resolver.

Desde la práctica:

Defina su T_0: Tiempo inicial. Fecha específica y concreta. Ponga su reloj en marcha. Actúe, sea productivo. Salga de su zona de confort y aventúrese a los nuevos aprendizajes que vienen. No tema. Siga su Estrategia y ejecute su Plan de Acciones.

Por último, pregúntele al equipo:

¿Qué harán nuevo y diferente?

¿Cuál será la forma de sorprender positivamente a clientes internos y externos?

¿Cuál será el nuevo modelo de clima laboral y de las relaciones personales?

¿Qué es lo que no habían hecho antes y que será crucial hacer a partir de ahora?

¿Qué oportunidades no dejaremos escapar?

Imagínese en el futuro y que ya lograron todo lo que se habían propuesto,

¿Qué hicieron diferente para llegar allí?

Como lo he planteado antes, no se quede en esto. Aproveche su *momentum* e inmediatamente escriba (si lo desea a continuación) 10 preguntas que cree son importantes para los equipos con los que usted trabaja:

____

____

____

____

____

____

____

____

____

Criterios de Diseño de Team Building Experience ©

Es muy probable que usted ya venga realizando programas de Team Building hace rato (años incluso). También es posible que desee pasar al siguiente nivel en los programas que ya viene realizando con sus cliente o tal vez recién desea iniciarse en desarrollar programas de este tipo. Cualquiera de los tres sea su caso, a continuación se entregan los aspectos fundamentales que usted debe considerar a la hora de diseñar su programa.

¿Sabe Quién es su Cliente?

Aunque parezca obvio, la mayor parte de las veces usted recibirá un pedido de quien no toma la decisión final. Muchas veces las empresas toman esta decisión a modo de filtro antes de decidir trabajar con usted o su consultora. Esto significa que usted necesita saber al menos quién toma la decisión; si el reporte directo de quien realiza el pedido, un comité del área de recursos humanos, el líder del área (probablemente el gerente) u otro. En general, no es el analista de Recursos Humanos. Por ello es importantísimo conocer las características de ese cliente que tomará la decisión final. Para ello pregunte a quién realiza el pedido *"¿qué criterios (o aspectos) son importantes para la persona que realizará la evaluación del programa?"* En más del 50% de los casos el precio; el 40% metodología y 20% la experiencia (pues se asume que usted o su consultora tienen experiencia en ello).

a. **El Cliente-Intermediario**. Quien toma el pedido. La mayor parte de las veces un Analista de Recursos Humanos, una Jefatura de Capacitación, un Asistente de Gerencia o una Secretaria Ejecutiva. Incluso puede ser otra consultora, una productora o un Coach.

b. **El Cliente-Directo**. Quien toma la decisión de compra. En general, un Gerente de área, un socio o el dueño de la empresa.

c. **Los Participantes**. Quienes participan de manera activa en el programa. Muchas veces no tienen participación en la etapa inicial de negociación de venta de su programa. No obstante son quienes usted intervendrá.

Identificar de manera efectiva quién es su cliente le ayudará en su etapa de diseño y principalmente en su discurso de venta. Si es afortunado, llegará al cliente directo inmediatamente por lo que tiene que ocuparse sólo de ello. Si no es así, entonces deberá persuadir e influir de manera positiva a su intermediario de tal manera que esta persona quede cautivado(a) por su propuesta; principalmente por los beneficios que obtendrá, por aquello que vivirán los participantes durante la experiencia y por cómo logrará modificar el estado interno del equipo con su programa. Aquí hay algo importante. Otorgue la mayor cantidad de detalles que sea posible de su propuesta.

Quien recibe su propuesta se dará cuenta del manejo que usted tiene [aquello que a usted lo hace único(a)] acerca de su propuesta y es muy probable que perciba que no tiene la capacidad de traspasar o transferir toda esta experiencia a su Jefatura directa. Si usted se percata de ello, ofrezca sin compromiso la posibilidad de realizar una presentación o apoyar la presentación que él o ella debe hacer ante la persona o grupo que toma la decisión. Si esto no es posible, ofrézcale enviarle una serie de ideas fuerza, frases o tips importantes de su propuesta (que usted sabe estarán alineadas con los objetivos de transferencia y el equipo de participantes) que le ayudarán en su reunión y le darán más confianza.

Imagine: Es otro que no es usted quien tiene que vender su propuesta a otro (y probablemente es la primera vez que lo ve a usted y a su propuesta!!!) ¿Por qué es importante esto? Porque en la transferencia de la comunicación siempre se pierde o re-interpreta la información. Esto, sumado a que los niveles directivos en general manifiestan "no tener mucho tiempo", lo que les llega es la síntesis de la síntesis de su propuesta.

Cómo se diseña un programa

Después de más de 25 años realizando programas de Team Building, investigar y explorar los pasos más apropiados para el diseño de un programa de calidad, a continuación se muestran nuestros 5 pilares de diseño:

a. Levantamiento de información

Su tiempo es valioso. Coordine la reunión de levantamiento de información en una llamada o de manera presencial en cuanto reciba el pedido. Lo más recomendable es diseñar una ficha técnica (formulario) por cada cliente que puede realizar de manera online o en su defecto, una planilla excel que contenga TODA la información que necesita para diseñar su propuesta. Mi sugerencia es llamar inmediatamente al cliente para conocerlo y tener un tiempo de respuesta no superior a 1 día. Al Mercado le gusta la velocidad (y velocidad x masa =MOMENTUM). Dependiendo de los tiempos disponibles y de la fecha de su programa, haga todo lo que esté a su alcance para lograr la reunión inicial con el cliente. Recuerde: Las personas compran personas. En consecuencia su capacidad de oratoria y de influencia son claves a la hora de esta conversación inicial.

b. Sentido y propósito del programa

Identifique en qué contexto se inserta el programa que su cliente desea realizar. Si es parte de un programa, campaña, jornada, lanzamiento, finalización, intermedio.

cada contexto define una manera diferente su intervención. Responda la pregunta *"¿Para qué desean hacer esta jornada?"* Esto le dará luces del propósito que el cliente busca y de su situación-problema.

c. Objetivos de Transferencia

Los Objetivos de Transferencia son lo más importante de esta etapa porque determina la posibilidad de observar en el corto y mediano plazo, las conductas en el trabajo en situaciones posteriores al programa de Team Building.

Pregunte:

"¿Cuáles son los Objetivos de Transferencia?

¿Qué desean lograr?"

"¿Cuáles son los aprendizajes que desean que las personas transfieran a su puesto de trabajo?"

d. Contenido Temático

Ya cuenta con un cuerpo de contenidos importante a partir de las tres fases anteriores. Entonces ahora sólo debe definir su ***estructura vinculante de contenidos*** en base a lo siguiente:

- **Temas**. Defina los 3 a 5 temas que son cruciales para el equipo que será parte del programa.

- **Preguntas**. Defina un set de 10 preguntas poderosas que generen reflexión, pensamiento sistémico y aprendizaje.

- **Reencuadre**. Planifique su reencuadre y además recuerde nutrirlo de las observaciones y análisis durante la experiencia de equipo. El Reencuadre es el momento en que los participantes harán conscientes todos sus aprendizajes, en consecuencia, es crucial.

e. **El Coaching como proceso de aprendizaje acelerado.**

No se engañe. No cualquiera puede realizar un programa de Team Building. Menos un reencuadre. Para ello debe entrenar y prepararse de la mejor manera.

Usted puede llegar a realizar programas de Team Building como parte de su desarrollo profesional, funcional o práctico a partir de aquello que ha elegido realizar en su vida profesional. Es posible que tenga cierta habilidad comunicacional que le ayuda a generar conversaciones inspiradoras. Y cuenta con grupo de personas o un equipo profesional más menos coherentes. Es posible que sea afortunado y logre un buen resultado.

Ya lo sabe: PREPÁRESE, ENTRENE, ACTÚE.

Mi sugerencia es que usted se entrene y certifique como Coach. No confíe sólo en su experiencia. El Coaching es un proceso metodológico de aprendizaje acelerado que contiene un Marco Teórico que le otorga un soporte poderoso. Además en el proceso de certificación usted aprenderá el Arte de hacer preguntas poderosas y dependiendo del modelo de desarrollo, aprenderá técnicas que podrá aplicar de manera práctica y rápida. Además será sujeto de su propio desarrollo, estudio, reflexión y análisis, lo que le permitirá volver a mirarse. En mi opinión sólo aquellos que tienen la capacidad de volver a mirarse podrán ver a otros de manera transparente, fluida, abierta y objetiva, bajando su barrera de juicios personales y abriéndose al aprendizaje del otro u otros.

A partir de esto estará en condiciones de percibir, ver y escuchar aquello que está detrás del lenguaje explícito, identificando las reales limitaciones de una persona o del equipo.
Estará al mismo tiempo en condiciones de otorgar conversaciones que inspirarán a otros a buscar sus propios caminos y sus propias respuestas para salir de su zona de confort y aventurarse en el aprendizaje individual y colectivo.

Y por último, entrene su mente, sus emociones y su fisiología cada día.

Estructura Metodológica

Para el diseño de cualquier programa de Team Building usted necesitará definir *su propia forma de hacer.* Esto es lo que le da una característica única. Debe considerar que la mayor parte de las consultoras y los profesionales de calidad poseen un marco de contenidos desde el cual se han desarrollado y que sustentan su quehacer. Se encontrará probablemente con clientes que prefieren uno u otro por lo que tendrán que tomar la decisión de cuál será el suyo (a propósito de la especialización).

a. La Metodología

Defina cuál es el Marco metodológico y teórico sobre el cual se sustenta todo aquello que usted hace. Todos nuestros programas están basados en el Aprendizaje Experiencial, la Andragogía, El Coaching Ejecutivo y de Equipos y la Neurolingüística.

b. Conocimiento del Cliente

Usted DEBE conocer a su cliente. Apenas reciba el pedido otorgue por lo menos 30min para investigar a su cliente en la web. Conozca acerca de su rubro, qué hace, en qué lugares desarrollan su actividad, si aparece en las noticias. Esto le ayudará a llegar de manera aventajada a su primera reunión.

c. Duración del Programa

Usted podrá definir la duración estándar de sus programas. Si bien estamos abiertos a que el programa tenga la duración que el cliente desee, es importante saber que de acuerdo a los objetivos de transferencia y aprendizaje, su programa debe tener una duración "óptima". Entonces es su desafío encontrar el tiempo necesario para aportar valor y cumplir los requerimientos del cliente. En el mercado esto tiende a estandarizarse, no obstante la duración de sus programas también definen su estilo de trabajo.

Recuerde: A mayor duración de su programa, podrá lograr mayor instancias de aprendizaje.

Está probado científicamente que el mayor aprendizaje e impacto en programas de este tipo se produce en jornadas de inmersión de por lo menos 48 hrs de duración. No obstante al menos en Chile, nuestro programa de Certificación Team Building Experience® es un programa presencial de inmersión de 5 días de 8 hrs de duración.

Para tener una referencia superior, Tony Robbins realiza un programa de entrenamiento presencial de 5 días de inmersión total de 12 hrs de duración diaria.

d. Modo de Operación en terreno

Su cliente debe tener claridad siempre de su forma de operar en terreno. Esto significa que definirá un *Plan de Trabajo en Terreno.* En teatro poseen un término denominado *movimiento de planta*, esto significa tener claridad acerca de todas sus acciones en terreno. Es conveniente tener un esquema del lugar o un mapa impreso. Esto le ayudará luego a definir el cronograma de actividades vinculado al cada uno de los espacios que utilizará durante su jornada de actividades.

e. Tamaño y composición del grupo

Las personas que llegan al programa vienen con diferentes expectativas, objetivos, deseos y necesidades. Si bien esto puede definir parte del diseño previo, no es determinante. Es mucho más determinante a la hora de la implementación o ejecución. Para ello, usted debe asegurarse al iniciar el programa de alinear sus expectativas de manera que todo el grupo entienda bien, a qué viene y qué cosas va a realizar. Esto se verá reforzado en el reencuadre que usted haga. Al mismo tiempo, como la mayoría viene de un equipo específico o de un área de la organización, ya tendrá una idea bastante aproximada de cómo es el grupo, incluso antes de iniciar su diseño.

Haga todo lo que esté a su alcance por alejarse del juicio organizacional, esto es las creencias limitantes que puedan tener las personas que contratan o la misma área de Recursos Humanos acerca del grupo. Comentarios como *"este grupo es super difícil"*, *"el gerente es una persona muy complicada"*, *"es un grupo ultra conservador"*, *"¿este programa servirá para grupos tan estructurados como éste"* Recuerde lograr identificar en qué procesos el equipo es disfuncional y más aún qué conductas se desean desarrollar.

Otro aspecto importante es el tamaño del grupo. No es lo mismo realizar un team building para 5 gerentes, para 20 o 30 personas de un equipo natural, para 50 personas de un área o para un grupo de 150 o de 450 personas.

El tamaño de manera evidente influirá en la estructura metodológica y en el diseño del programa. Algunos consultores estiman que no es posible realizar programas masivos si no se tiene un equipo gigante de Coaches, facilitadores, monitores y ayudantes. Aquí hay tres temas: Uno, decir que no es posible, me habla más de no tener una estrategia y un plan para ello; dos, no todas las consultoras o coaches cuentan con un equipo altamente competente para atender de la mejor manera a un grupo más grande; y tercero (lo más importante para el cliente), los costos con un equipo altamente competente genera que el precio final del programa se vaya a las nubes.

Al contrario de ello, puedo contarle a modo de anécdota, que hemos realizado programas con más de 500 personas con un sólo Coach, con resultados extraordinarios. en un modo referencial superior, Tony Robbins realiza sesiones de entrenamiento con grupos de hasta...(prepárese)...12 mil personas, en sesiones de 12 horas durante 4 a 5 días, con resultados altamente transformadores.

Por otra parte, si piensa en programas masivos debe tomar en cuenta los siguientes aspectos:

- **Rentabilidad.** Los programas más masivos son altamente rentables, porque si bien a mayor grupo de personas, existe una economía de escala en el precio unitario final (es decir que es más bajo), el volumen de personas le permite al mismo tiempo, generar una economía de escala "al por mayor" que le permite bajar sus costos de implementación.

- **Logística.** De la mano de lo anterior, usted debe desarrollar la capacidad de logística y personal que un programa más masivo requiere, manteniendo la calidad, los objetivos de transferencia del cliente, sus requerimientos y sus objetivos de aprendizaje

- **Competencia.** Cuando avanzamos a los programas masivos, descubriremos que gran parte de las productoras se han apropiado de ese mercado y lo que es peor, como tienen una alta capacidad de logística e implementación, es posible que lo contraten, observen con detención todo su programa y luego ellos lo hagan por su cuenta con un encargo similar. No lo tome a mal con las productoras. Negocios son negocios. Lo que sí es claro es que las productoras sólo implementan y no necesariamente generan aprendizaje. Acá es donde entra usted. Cuando logra asegurar al cliente su capacidad logística y de desarrollo de aprendizaje, todos querrán llegar finalmente a usted. Todos. A modo referencial, hemos recibido el mismo pedido por seis consultoras diferentes para el mismo cliente y por pedido del cliente.

- **Impacto.** Este punto y el siguiente pueden definir de manera determinante el éxito en el resultado de su programa. Es necesario saber que a mayor número de personas el impacto puede ser mucho mayor, no obstante, el grado de profundidad en el desarrollo del aprendizaje se hace más complejo porque debe movilizar a mayor número de personas, lo que le puede hacer perder tiempo valioso, en desmedro del nivel de impacto que desee generar en los participantes.

- **Aprendizaje.** Frente a un grupo masivo, debe desarrollar lo que denomino una *metodología estratégica* porque es posible que la metodología de sus programas estándar no funcione apropiadamente. En consecuencia, debe diseñar claramente que todas sus acciones y movimientos en terreno de modo de mantener el hilo conductor de aprendizaje que el programa requiere.

Entonces,

¿cómo lograr un programa masivo, con una estrategia metodológica efectiva, con un precio altamente competitivo y de alto impacto?

f. Dinámicas del grupo

Es posible que las personas que asistan al programa venga por voluntad propia o porque haya sido una obligación impuesta por la empresa. Es evidente que la dinámica y la sensación del ambiente pueda ser muy diferente y usted debe poner atención a ello. También al tipo de dinámica interna que el equipo tiene, estar atento e identificar su estado del humor, sus tensiones internas, sus comentarios (porque detrás de ellos se sustentan juicios de valor y creencias limitantes y potenciadoras)

g. Experiencia previa

Cada grupo de personas, ya sea dentro de la organización o incluso dentro de los equipos mismos poseen distinto nivel de formación y desarrollo:

- Básico
- Intermedio
- Avanzado

Podrá fácilmente percatarse de ello cuando los observe operar en terreno, verá su capacidad de familiarizarse rápida o lentamente con la experiencia, con los materiales, con la manera de ir construyendo su experiencia de equipo. Esté atento porque ello puede influir en sus tiempos de realización o el Coach deba intervenir apoyando realizando algunas preguntas que le permitan al equipo desarrollar pensamiento sistémico o reflexiones que les ayuden a avanzar de manera más efectiva. También puede movilizar a los más hábiles del grupo a que otorguen apoyo a otros compañeros si es necesario.

En relación con la experiencia previa debe conocer qué otro tipo de experiencias ha vivido el grupo, porque ello le permitirá por una parte, no diseñar lo mismo o algo similar, entender el nivel de consolidación, dinamismo y cohesión que el equipo; e identificar el nivel técnico de lo que ya han realizado antes.

Otros Aspectos relevantes

h. Seguridad

Me gusta decir que la seguridad de nuestros programas es *invisible.* Para el cliente por supuesto. Somos nosotros quienes tenemos que definir las plataformas de seguridad que nuestro programa debe tener, por muy básico que el programa parezca. Por ejemplo, en Chile los "cutters" (Corta Cartón, tip-top, entre otros nombres) están prohibidos por ley, es decir no puedes entregar elementos cortantes a las personas en su trabajo, por el riesgo que esto conlleva. La seguridad de nuestros participantes es primordial a la hora de obtener un resultado de calidad. Si hablamos de un programa de Outdoor Training en la montaña o en entornos simulados (como un centro de desafíos por ejemplo) hemos llegado a definir 4 plataformas de seguridad:

i.   **Las personas**. Todo parte por el auto cuidado. Si me cuido yo, puedo cuidar a mis compañeros.

ii. **Nuestros monitores y guías**. Todos nuestros monitores y guías están certificados en las actividades y experiencia que realizamos. Además poseen certificación en primeros auxilios en áreas agrestes.

iii. **El Equipamiento**. Todas nuestras herramientas, equipo y accesorios están certificados para realizar este tipo de actividad.

iv. **Las actividades**. Hemos diseñado una serie de actividades que permite que participen todo tipo de personas, de diferentes edades y género

i. Edades

Aunque la mayor parte del tiempo trabajamos con adultos, es importante conocer las distinciones que esto tiene porque los diferentes grupos etáreos trabajan de maneras diferentes, tienen gustos distintos y sus prioridades y expectativas también pueden ser particulares. Conocer sus edades te permitirá generar programas más o menos dinámicos de acuerdo al grupo promedio.

j. Género

Ser Cada vez más inclusivo. Permita que su programa incorpore a todo tipo de personas. Esto parece obvio, no obstante es fundamental que *todos se sientan parte* del programa. Muchas veces el cliente de manera inconsciente desea generar determinadas actividades, pues es posible que estén instaladas ciertas conductas no inclusivas, a las que usted debe estar atento, de modo que ello no empañe lo que usted está haciendo. Recuerde que está interviniendo e impactando un sistema donde no siempre todo corres por su cuenta.

¿Considera que hay otros aspectos importantes?
Anote.

____

____

____

____

____

____

____

____

Las Herramientas metodológicas

Cada una de sus herramientas facilitará su trabajo de manera considerable. Desde mi formación como Arquitecto, generar láminas de trabajo pre-diseñadas le otorga calidad a sus presentaciones y refleja su dedicación en la preparación y el diseño previo. Además, le otorga al equipo una manera práctica de trabajo, visual y de fácil entendimiento para todos.

También es importante dar al equipo el máximo de autonomía para que tome decisiones por su cuenta durante la experiencia, sin intervenciones externas. Deberá decidir la participación del líder en la experiencia pues los equipos trabajan de manera diferente en su presencia.

a. Las instrucciones

Para las experiencias y actividades que diseñe, defina instrucciones claras, concisas y sintéticas, de fácil entendimiento. En algunos países existe una muy baja comprensión lectora (en Chile es del 60%). Estas instrucciones se entregan a cada equipo y es parte también del aprendizaje.

b. El Cuaderno de Trabajo

Bitácora de Aprendizajes. Para el desarrollo de las preguntas puede apoyarse con una bitácora con preguntas, de manera de apoyar la reflexión después de cada actividad. Como el equipo está dentro del proceso, es posible que "olviden" algunas conversaciones que ocurrieron durante la experiencia. Con la bitácora asegura que los temas y lo importante de las conversaciones queden plasmadas por escrito lo que ayudará al reencuadre final con todo el equipo.

c. Herramientas y Recursos Disponibles

Investigue y explore. Hoy existen numerosas herramientas de trabajo que le ayudarán a generar un Reencuadre poderoso. A modo de referencia, se entregan a continuación los que más hemos desarrollado:

No se limite a pensar en lo conocido. Cuando comenzamos hace más de diez años con utilizar los tambores africanos como una herramienta de desarrollo de habilidades y competencias de Liderazgo y Trabajo en Equipo nos creyeron locos, dementes, que en ningún caso las empresas comprarían algo así, que cómo se nos ocurría pensar en algo así. Y bien, hoy ya han pasado más de 25.000 personas por esta experiencia, seguimos sumando cada día y es posible que cuando usted esté leyendo este libro estemos con otro equipo haciendo sonar los tambores en algún punto de nuestra hermosa Latinoamérica. No le tenga miedo a nada, aunque...sea sensato

Algunos elementos con los que hemos realizado experiencias tremendamente significativas:

• Elaboración de Instrumentos

- Teatro
- Circo
- Música
- Dinámicas Corporales
- Meditación guiada, Visualización Creativa, Trance
- Yoga
- Artes Marciales (Kung Fu - Chi Kung - Tai Chi)
- Disciplinas Artísticas (Pintura - Escultura - Dibujo -
- Actividades deportivas (Zumba - Box)
- Construcción de elementos (puentes - pirámides - torres - balsas)
- Travesías en la Montaña
- Travesías en el mar
- Escalada en Roca
- Escalada en Hielo
- Campamentos en la Nieve
- Cumbre en Cerros
- Viajes temáticos a lugares patrimoniales

d. Láminas de Trabajo

Sea creativo. Las láminas de trabajo funcionan como mapas mentales (visuales). Recuerde que recordamos el 80% de lo que vemos y hacemos, un 20% de lo que leemos y un 10% de lo que oímos. En consecuencia, que su jugada estratégica sea por la primera. Si usted cree que no tiene habilidad gráfica o de diseño, estoy seguro que conoce a alguien que sí la tiene. Desde mi perspectiva, las láminas son una combinación de mapa mental y análisis reflexivo, por lo que debe ser el soporte de transferencia de la experiencia del equipo.

e. El Equipo de Trabajo

Defina claramente la estructura de su equipo de trabajo en terreno. Cuáles serán sus roles y la forma en que intervendrán durante el proceso. Optimice al máximo sus recursos personales de acuerdo al tipo de actividades que realizará en terreno. Defina quiénes van de modo que cada uno aporte valor en aquello que mejor hace. Identifique el mejor canal de comunicación con su equipo para que la información sea lo más genuina posible en el desarrollo de todas las actividades que realizará.

Cuando y quién interviene. Como mencioné anteriormente, para que el equipo trabaje de la forma más natural posible (porque ya su entorno es diferente), es necesario que tenga el máximo de autonomía para ver qué realmente está ocurriendo con ellos y detectar en qué situaciones se producen sus brechas más significativas. Observe con detención. Defina con su equipo de trabajo quién interviene y quién no, de modo de no afectar el trabajo del equipo. Aproveche a sus monitores o facilitadores como *"observadores"* del equipo y sus acciones. Pídales que anoten y le den feedback inmediatamente finalizada la actividad.

i. **El Coach**. Ser Coach es una disciplina que definirá su estilo de vida. Para ser Coach usted debe estar certificado por un organismo académico competente y lo más importante, tener práctica. El Coach es quien lleva el hilo conductor principal de aprendizaje del programa de actividades y quien desarrolla y realiza las preguntas al equipo. Si usted aún no es Coach, no espere un día más y aventúrese. Será sujeto de su propio aprendizaje…Si decide no hacerlo, asesórese o trabaje con un Coach porque le ayudará a abrir un universo de nuevas opciones para aquello que desea lograr.

ii. **Facilitadores**. Como su nombre lo indica son las personas que facilitan principalmente el aprendizaje. Generalmente son personas que tienen experiencia con grupos de personas en desarrollo de aprendizaje, actividades, dinámicas y son un apoyo importante en el apoyo a los equipos durante la experiencia.

iii. **Instructores**. Ponga atención. Es posible que haya disciplinas sobre las que desea aventurarse que no conoce bien o no ha realizado nunca. Busque a los mejores instructores para su actividad. El instructor tiene la capacidad de ser experto en lo que hace y además sabe enseñarlo, por lo que son un gran aporte de valor a sus programas. Le pueden otorgar el conocimiento técnico que usted aún no tiene.

iv. **Guías y Monitores**. Principalmente son un aporte en el cuidado y supervisión de los equipos mientras realizan las actividades y pueden ser muy buenos observadores del trabajo del equipo. No olvide solicitar su feedback después de las actividades.

v. **Ayudantes**. Son quienes conocerán toda la dinámica de montaje, implementación y desmontaje de sus actividades. Esto le permite a usted ocuparse de otros aspectos importantes de su programa. Entrénelos, Capacítelos porque son quienes inician un programa de calidad.

vi. **Proveedores**. Debe asegurar la calidad de los materiales y el stock con sus proveedores. Cuando se trata de elementos técnicos (como equipo de montaña por ejemplo) el equipamiento ya viene certificado, no obstante todo otro tipo de materiales que utilice debe ser chequeado cada vez que vaya a utilizarlo.

El Diseño Creativo [del Programa]

A partir de lo anterior ya conoce todos los aspectos que necesita considerar para armar su programa….Y ahora qué?

Ya está accediendo a su zona de valentía…así que deberá conectarse con todos sus recursos (personales y de equipo) para diseñar su programa. Esta página en blanco es ahora un territorio de oportunidades para usted y para lo que desea lograr. ¿Qué va a hacer diferente a lo que ya ha venido haciendo?

Como mencioné antes, elija trabajar con otros para lograr aumentar su potencial creativo. Es conocido el dicho popular *"dos cabezas piensan más que una"*. Claramente, si trabaja solo, no tiene con quien compartir sus ideas, de a dos puede ser más complejo tomar una decisión; con tres personas, tres proponen, dos de ellos generan discusión y reflexión, el tercero anota; y con cuatro, el cuarto trae un buen café y galletas para que la reunión sea entretenida y rica.

Tenga en mente siempre que todo programa estará sustentado por una *valores y principios* del equipo que deben guiar todas sus acciones de aprendizaje, que en el desarrollo de la experiencia también se entregará *conocimiento* que aportará al desarrollo personal y profesional de los participantes; que deberá *poner en práctica* en terreno todo ello para lograr *generar y observar conductas nuevas* durante la experiencia. Todo lo anterior en un tiempo efectivo de acción, reflexión y pausa.

Ahora bien,

¿Se considera usted una persona creativa?

Lo importante de esto es que diversos estudios señalan, en grupos de análisis con las mismas competencias y habilidades, que la única diferencia entre los creativos y los que no, es que los primeros ***creen que son creativos.***

Las personas creativas establecen asociaciones múltiples a nivel de pensamientos, ideas, emociones que les permiten ver la misma situación desde diversas perspectivas. Luego será de alto impacto y al mismo tiempo de aprendizaje el que su programa responda en gran medida a la dimensión Física (corporal), Emocional, Intelectual y Espiritual; con énfasis en alguna de ellas.

Los seres humanos somos personas integrales (olvídese del rubro de sus participantes) y respondemos a todas estas dimensiones al mismo tiempo. Lo que sucede es que probablemente, en nuestra vida personal y profesional hayamos desarrollado más una que otra dimensión, ¡pero no lo tome como una categoría absoluta y única!

Si su programa responde en buena medida a cada una de estas dimensiones, por alguna de ellas logrará llegar a lo internamente esencial de la persona que le otorgará un sentido trascendente.

¿Cuáles son las características de un programa creativo?

Desde mi visión, un programa creativo, antes de todo debe generar un "Estado de Aprendizaje". Cómo traducir esto, es otorgar un entorno, otorgar herramientas que lo facilitan y generar un discurso coherente de comportamientos, conductas, habilidades, competencias, identidad (*hay una parte suya que es altamente creativa y probablemente aún no lo sabe*); creencias, paradigmas, principios y de nivel transpersonal (creencia en algo superior), que le aseguran que usted es creativo.

Imagine desarrollar la capacidad de transferir esto en su programa a sus participantes…¿Qué cree que ocurriría?

A modo de aplicación práctica lo que la mayoría conoce y para quien se está iniciando me parece apropiado en este punto sugerir con la **Estrategia de Disney**, conocida desde la base del estudio de la Neurolingüística y Coaching…aplicada a otros!!! Ahora aplíquela para usted mismo y para el diseño de sus programas. La Estrategia Disney define 3 dimensiones:

- **El Soñador,** quien concibe ideas, imágenes visuales.

- **El Realista,** quien piensa en la forma de ponerlas en práctica, en generar acciones y organizar el trabajo; y

- **El Crítico,** quien advierte cómo y qué puede mejorarse, es decir, evalúa.

Sitúese en cada una de estas dimensiones y simplemente, diseñe.

Otro modelo que me parece atractivo de desarrollar (ojo existen varios, sólo explore), es el de Edward de Bono, de su libro "Six Thinking Hats" ("Seis Sombreros Para pensar"), que está asociada al desarrollo del pensamiento lateral, sin duda que le hará tomar decisiones acertadas (ojo también es una excelente herramienta para los equipos a la hora de resolver situaciones-problema de manera efectiva). Tómela como una guía de pensamiento (una forma de pensar) y no como una categoría (etiqueta) que define el pensamiento.

Otra sugerencia, es que piense en conjunto. Evite pensar solo, a menos que sea una persona altamente entrenada. Así y todo, ¡qué riqueza la de compartir la creación con otro y crear en conjunto! Los resultados superan con creces nuestras expectativas y nuestra imaginación.

Acá quisiera contarle otra anécdota. En nuestro programa Da Vinci, las personas desarrollan lo que llamamos un *"constructo"*, es decir, más que una obra maestra artística, es pintar y crear un concepto por medio de las formas y colores. Cada equipo pintaba en base a la pregunta *"¿Qué Equipo queremos Ser?"*, en consecuencia obtendríamos un cuadro por cada equipo. La segunda etapa del ejercicio es la que llamo la del *"desapego"* porque una vez terminada su "obra" y presentada a sus otros compañeros, se les propone armar una sola obra, la del equipo completo. Acá es donde a algunos se les genera un movimiento interno poderoso (más aún a los líderes), porque de alguna manera deben entregar "su obra" para que otros la intervengan con foco en el resultado de todos. Dejarse liderar por otros, sentir que lo que hago no sólo algo en sí mismo, sino un aporte al resultado de todos. Una vez terminada la obra completa, que supera con creces no sólo las expectativas sino también la calidad del resultado final del equipo, se les pregunta *"¿podríamos haber llegado a pensar que el resultado final sería algo como esto?"*

Crear con otros nos lleva a un estado superior.

Debemos comprender además que toda experiencia en un entorno simulado es una metáfora. Esto es que expresamos una realidad o concepto por medio de otra realidad o concepto diferente que tienen relaciones de similitud o semejanza.

Nuestros programas entonces son una metáfora ¿Por qué esto es poderoso? Porque las metáforas evocan estados emocionales, corporales y mentales; y es una técnica poderosa para instalar estrategias internas en la persona o el grupo.

Muchas veces la metáfora se transforma en una experiencia en sí misma. Por ejemplo, realizar una experiencia en la montaña. Podemos allí vivir una experiencia de trabajo en equipo, que relacionaremos sin duda con aquello que hacemos en el trabajo en el día a día y además la expedición o travesía sería una experiencia nueva, en sí misma, que genera un gran aprendizaje, no sólo para el trabajo sino para la vida.

El diseño de Ejercicios

A partir de vivir la experiencia de su programa, tenga presente que algunos de sus participantes se sientan expertos y es poco probable que lo sean. Algunos con más habilidades sentirán que sí! Luego, lo más importante es que al terminar de la experiencia y del reencuadre, debieran irse con "algo" que se logró incorporar en ellos, una competencia o habilidad de la que están conscientes ahora y que pueden poner en práctica o desarrollarla.

La Neurolingüistica concede a estos procesos gran importancia, por la generación de un estado de aprendizaje en un estado de recursos pleno. Esto significa que requiere que los participantes estén en un estado interno óptimo que ustedes puede provocar.

Defina un Objetivo

Para evitar que el resultado suceda al azar, el Programa, las Actividades, la Metodología, los Contenidos deben tener un Objetivo. De este modo resultará más fácil medir objetivamente el éxito de su programa.

Tendrá Objetivos, claros, abiertos y manifiestos; y Meta-Objetivos que no estarán manifiestos en su programa. En sus actividades estarán siempre ambos, porque en la experiencia se generan aprendizajes conscientes e inconscientes.

Si usted no desea que los participantes sean conscientes de los Meta-Objetivos, estará actuando directamente sobre el aprendizaje de habilidades en su nivel inconsciente.

Si toma la decisión de hacer conscientes los Meta-Objetivos, entonces los participantes harán conscientes los aprendizajes de habilidades que adquirieron durante el programa y que ahora saben cómo aplicar en otras dimensiones de su trabajo.

En mi opinión esta segunda opción es muy valiosa, porque le otorga al participantes varios caminos de desarrollo.

Idea Fuerza

En la reunión inicial con su cliente, de levantamiento de información y conociendo el contexto en que se desarrolla el programa, pregunta acerca de si la jornada tiene una *idea fuerza*, si no, proponga(se) una que sea validada por el cliente. Es su norte

Estrategia de Diseño Creativo

Para cada programa que realice mi sugerencia es que tenga una estrategia creativa de diseño. Mencioné antes Disney ahora usted debe explorar la suya. La de Disney funciona, está probado. Yo utilizo láminas y mapas mentales. Podrá ir descubriendo aquello que define su trabajo creativo.

Defina Plan de Actividades

Elija una a una sus Actividades. Intente no automatizar. En la medida que se tiene éxito, se deja de pensar y se automatiza. Al automatizar no mejora. Que esa automatización sea para los programas que diseñe que esté probado que son altamente exitosos. Así y todo verifique, chequee antes de su aplicación. Llevo realizando el programa de Coaching con Tambores Africanos por más de 10 años y aún le hacemos modificaciones según el tipo de cliente y participantes.

Herramientas

Elija las herramientas con las que trabajará con detención, de acuerdo a lo que mejor maneja y de acuerdo con los participantes. No se aventure a a utilizar herramientas que no haya probado antes. Menos si esto en cualquier medida puede poner en riesgo la seguridad de sus participantes

Focos de los ejercicios

Las intervenciones de cada programa son multisensoriales y como he mencionado tienen un impacto a nivel mental-corporal-emocional, por lo tanto a mayor grado de interacción de los participantes por medio de ejercicios diferentes, mayor grado experiencia, reflexión y de aprendizaje

- **El equipo completo**. Puede realizar actividades con el equipo completo. Esto ayuda a que todos se relajen, todos participen y ninguno se sienta expuesto. La ayuda también a conocer el estado general del grupo.

- **Entre Equipos**. Puede realizar ejercicios entre equipos de modo que interactúen entre sí. Este tipo e actividades le sirven al equipo para entender cómo relacionarse entre áreas de la organización, por ejemplo. Puede aprovechar esto para llegar a una actividad con todo el equipo al finalizar el programa.

- **Dentro de los Equipos**. Puede realizar ejercicios que genere interacción interna en el equipo de modo de observar cómo el equipo se comporta internamente, cómo va desarrollando su propio metabolismo, cuál su estado interno y cómo se desencadenan sus dinámicas de acción y conversación.

- **Individual**. También es importante el poder realizar actividades que impactan a nivel individual, como una visualización creativa, meditación guiada o un breve trance que los conecte con estados de recursos personales. Esto alimenta el estado interno del equipo completo.

Determine la evidencia del éxito

Le pregunto,

¿Cómo sabrá que tuvo éxito?

Mencioné antes que la primera evidencia de su resultado es saber que cumplió con sus Objetivos (ambos). Otros aspectos o herramientas que le ayudarán a confirmar que obtuvo un buen resultado se muestran a continuación:

- Diseñar e implementar **Actividades "Clave"** donde usted sabe que se manifiesta todo aquello que se desea desarrollar

- **Observación en terreno**. Tanto su propia observación (como la de sus facilitadores, guías o monitores) del grupo, de su estado interno, de su energía, del estado del humor será fundamental para comprender si al final del programa se van en un estado favorable.

- **Evaluación de reacción**. Elabore una breve y efectiva Evaluación de reacción (apenas finaliza el programa y antes de que se vayan). Ellos están aún con toda la energía de la experiencia. Si deja pasar los días, la mirada se enfría.

- **Evaluación de Aprendizaje**. La evaluación de Aprendizaje puede aplicarla 30 o 60 días después del programa. Dependiendo del tipo de cliente, esta es una evaluación que en general las empresas no realizan. Sólo hacen la de Reacción y con ella se quedan como información del resultado final lo que le resta objetividad al resultado real.

- **Testimonios**. Hoy tenemos la posibilidad de registrar todo de manera audiovisual. Las personas tienden a no escribir si usted le solicita por email o por una encuesta online que le envíen su testimonio. Además de pensar en contratar a alguien que le grabe un buen video de su programa, que le servirá de promoción y difusión de lo que usted hace, aproveche, que probablemente todo su equipo, incluso los participantes cuentan con un teléfono celular que puede tomar fotos y videos. Y los comparten en sus redes! Pida autorización y grabe videos de los participantes preguntando acerca de la experiencia, de sus aprendizajes y de su potencial aplicación en el trabajo. Y listo. Tiene usted un registro sustancial que le ayudará no sólo a saber cómo estuvo su programa, sino también le servirá de promoción y difusión de sus programas. No olvide compartir también en sus redes sociales! Para ello, elija un hashtag atractivo del programa con el que todos los participantes compartan sus fotos y videos. Promoción masiva y viral gratuita.

Ahora…Diseño Loading…

Diseñando un programa S.M.A.R.T.

El acrónimo SMART habría sido acuñado por G. T. Doran en su artículo de 1981 en Management Review para definir una manera clara de definir metas y tomar las decisiones más apropiadas.

Me parece de mucha utilidad para el diseño de los programas de Team Building porque otorga una estructura clara y objetiva en el proceso. A continuación se otorgan

a. Específico

- Los Objetivos deben ser específicos y claros acerca de lo que se espera conseguir

- Que genere Aprendizaje

- Que genere pensamiento sistémico

- Que tenga Objetivo y Meta-Objetivos

- Que las Actividades sean con directrices claras y de fácil comprensión

b. Medible (Measurable)

- Que los participantes experimenten el éxito

- Que tenga señales medibles o herramientas que midan el éxito

c. Alcanzable

- Que sea posible lograrlo y así evitar la frustración. El equipo debe generar una sensación positiva de éxito

- Llévelos más allá de su zona de confort

d. Realista

- La experiencia de su programa debe ser percibida como real y efectiva

- Que tenga una conversión y transferencia clara, de fácil comprensión en la proyección a su trabajo

- Que todas sus actividades tengan una aplicación práctica

- Que exista un hilo conductor de aprendizaje en todas sus acciones. Es decir que todo lo que hace es para aprender

[otra "R" sería la de Recursos, es decir aproveche de manera eficiente y efectiva los recursos que tiene]

e. Tiempo

- Que el programa cumpla de manera efectiva con los tiempos planificados

- Que cada una de las actividades cumplan con los tiempos planificados

- Que los tiempos de acción, reflexión y pausa sean coherentes y correspondientes. La mente necesita tiempo para asimilar y decantar cada cosa que realiza como experiencia.

Nuestros Programas

A modo de referencia para el lector quisiera mostrarle algunos ejemplos de los programas que hemos desarrollado en los últimos años, con excelentes resultados.

De manera preliminar cualquiera podría imaginar que si realiza una búsqueda en la web o explora que sucede en otros países, encontraría una lista de programas que podría realizar.

No obstante, quisiera contarle que nuestro proceso fue exactamente lo contrario. A partir de la experiencia de montaña que practicamos durante varios años, esto nos llevó a realizar centenas de programas de Outdoor Training. Fue más fácil claro, porque ya tenía una base de información de más de 30 años.

Después de varios cuestionamientos, la exploración nos llevó a determinar cuáles eran los temas más recurrentes en los equipos (en sus diferentes estados de desarrollo) y preguntarnos en qué tipo de experiencias se generaban aprendizajes que generaran impacto y que al mismo tiempo entregaran aprendizajes significativos para quienes las experimentaban.

Por otra parte, mi permanente inquietud y exploración por diferentes disciplinas del Arte daba luces de transformarse en   un medio atractivo de implementar.

En el cruce de ambas dimensiones es que comenzaron a aparecer experiencias tremendamente significativas como medio de aprendizaje. Luego vino el desarrollo, la contextualización e implementación.

Ahora pregúntese:

¿Qué experiencias conoce que podrían transformarse en un medio de aprendizaje de habilidades y competencias de liderazgo y trabajo en equipo?

A modo referencial para el lector se presentan a continuación los programas de mayor éxito que hemos implementado en los últimos años y que mejor evaluación han tenido por nuestros clientes de modo de transformarnos en un referente importante en el Mercado.

A continuación le presento al lector los programas de mayor venta y éxito que he realizado en los últimos 10 años, donde se muestra una descripción de la Actividad, el Objetivo general, los temas de contenido y cómo se vive la experiencia. Las especificaciones técnicas, así como los materiales y detalles de cada actividad se desarrollan en la **Certificación Team Building Experience®** que nos encontramos realizando por toda la Latinoamérica. Para más información escribir a **contacto@humanagement.cl**

COACHING CON TAMBORES AFRICANOS©

Descripción de la Actividad

No debe confundirse sólo con realizar una actividad de percusión, que cualquier persona con dos manos hábiles podría realizar con un grupo de personas.

El *Coaching con Tambores Africanos©* es una experiencia que diseñé e implementé y que venimos realizando desde el año 2008 con empresas y somos pioneros en Chile con esta metodología. Es un programa de Coaching de Equipo, donde los participantes viven una experiencia de aprendizaje por medio de tambores africanos, donde desarrollan aspectos de comunicación, lenguaje, corporalidad, liderazgo, trabajo en equipo y transferencia de conceptos clave.

Objetivos

El principal objetivo de esta experiencia es poner en práctica las habilidades y competencias de Liderazgo y Trabajo en Equipo, superar nuestras creencias limitantes frente a un desafío y mantener el foco en el resultado final.

Temas de Desarrollo

Por medio de esta experiencia es posible desarrollar los siguientes temas de Liderazgo y Trabajo en Equipo:

Empoderamiento personal   Direccionamiento
Estado Interno   Comunicación

<table>
<tr><td>Confianza</td><td>Escucha Activa</td></tr>
<tr><td>Integración</td><td>Rompimiento de Silos</td></tr>
<tr><td>Sentido de Unidad</td><td>Relaciones personales</td></tr>
<tr><td>Foco en la Meta-Objetivo</td><td>Relaciones de procesos</td></tr>
<tr><td>Coordinación de Acciones</td><td>Sentido de Equipo</td></tr>
<tr><td>Apoyo Mutuo</td><td>Buenas prácticas</td></tr>
</table>

Al ser una experiencia de alto impacto, es necesario que los participantes vayan poco a poco adentrándose en cada proceso de manera que terminen siendo protagonistas de su propia experiencia. Es una experiencia donde fácilmente podrían sentirse expuestos, es por ello que se debe tener especial cuidado con ello. Se debe avanzar paso a paso, de manera que el aprendizaje sea lo más efectivo posible.

Como la música es de un desarrollo infinito, siendo creativo, podrá diseñar ejercicios que respondan a los objetivos temáticos del cliente. Esto es importante. **Siempre debe poner delante los temas que desea desarrollar, antes de las actividades que vaya a realizar**; y no al revés. Esto, porque la experiencia debe ser una consecuencia de los temas que su cliente requiere desarrollar.

Luego debe realizar actividades individuales, en parejas, tríos, en equipos individuales y luego con el equipo total.

Desarrollo de la Experiencia

Se inicia la experiencia con todos los participantes donde se le muestran los diferentes lenguajes que la percusión africana posee y qué relación tienen con los equipos de las empresas. Luego realizan un ejercicio rompe hielo, de manera de ir preparándolos a la experiencia de la percusión con el Tambor. Se inicia el trabajo de percusión con ejercicios básicos que se vuelven cada vez más complejos hasta que el equipo está en condiciones de aprender un ritmo específico. Se separan en cuatro equipos (o más) donde aprenden un ritmo diferente cada uno. Luego se juntan todos nuevamente en un gran círculo donde se ensamblan todos los ritmos en uno solo en el Ensamble Final

OUTDOOR TRAINING

Descripción de la Actividad

Es una experiencia en equipo al aire libre que posee distintos niveles de aplicación y dificultad técnica, dependiendo de la experiencia de los participantes, donde realizan distintos desafíos o estaciones de trabajo. Cada equipo lleva su bitácora de aprendizaje que les sirve para generar una reflexión al finalizar cada actividad. Luego se realiza un reencuadre o reflexión de aprendizaje de la experiencia en conjunto con los otros participantes donde se genera una proyección a su quehacer diario.

Objetivos

Uno de los objetivos principales del Outdoor Training es compartir con sus compañeros de equipo en un ambiente diferente y ver cómo se desarrollan sus conductas a partir de los desafíos que tienen por delante. El cambio de contexto genera dos cosas relevantes: Uno, nos vuelve vulnerables porque necesitamos generar nuevas claves de relación; y dos, nos conecta con la naturaleza, en consecuencia, nos conecta con los otros en una dimensión más profunda.

Temas

Por medio de esta experiencia es posible desarrollar los siguientes temas de Liderazgo y Trabajo en Equipo:

Comunicación	Apoyo Mutuo
Confianza	Escucha Activa
Integración	Relaciones de procesos
Sentido de Unidad	Sentido de Equipo
Foco en la Meta-Objetivo	Buenas prácticas
Coordinación de Acciones	Generación de Contexto

Desarrollo de la Experiencia

Se reúne a todos los equipos para dar las instrucciones del desafío. Cada equipo realizará el mismo circuito de actividades. Dependiendo del nivel de dificultad técnica es posible que se realcen talleres técnicos y se entrega equipo técnico a los participantes para poder realizar cada actividad. Es importante contar con radios walkie para mantenerse coordinados en los tiempos de ejecución de cada actividad. En ocasiones algunas personas pueden sentirse altamente vulnerables por lo que debe tener personas capacitadas y competentes para contener esas situaciones y llevarlas adelante. Además también se debe inducir al equipo para que pueda hacerse cargo de esas situaciones.

Es posible que los equipos logren de mejor manera algunas actividades y otras en que no logren tener éxito. Es parte de su aprendizaje y de sus reflexiones. Si usted o sus guías o monitores se percatan que un equipos no está logrando resultados, debe atenderlo inmediatamente porque el nivel de frustración, desmotivación y rabia puede ser altamente desfavorable para el resultado de su programa y el del equipo. Haga preguntas al equipo *"¿Qué necesitan hacer diferente?"*

En el Outdoor Training los equipos tienen logros por equipos, aunque la experiencia me dice que igual se desarrolla un sentimiento de competencia por quién(es) lo hizo mejor y en el menor tiempo. Esto va a ocurrir. Su foco debe estar en el logro que cada equipo pudo obtener y cuáles son los aprendizajes que obtuvieron de ello.

No obligue a ninguno de los participantes a realizar alguna actividad si no lo desea. Aprovéchelo como observador del trabajo del equipo.

CIRCUS TRAINING

Descripción de la Actividad

Es un circuito de disciplinas de circo donde las personas van a intentar cosas que nunca han imaginado, lograr cosas que no esperaba conseguir y aprender cosas que nunca olvidarán. Participar en las actividades de circo es una forma muy agradable para las personas de desarrollar habilidades importantes que se aplican a todos los ámbitos de la vida.

Objetivos

En un ambiente de diversión increíble, pueden descubrir nuevas formas de aprendizaje, obtener una mejor capacidad de comunicación, avanzar en el apoyo mutuo y el respeto de unos a otros. Construyen confianza y autoestima, desarrollan trabajo en equipo, permiten a los hombres y mujeres de todas las edades la capacidad de sobresalir por igual, implican tanto al lado izquierdo y derecho del cuerpo y el cerebro para mejorar en gran medida las capacidades de aprendizaje, ayuda a las personas a lidiar con el miedo, reaccionar a lo inesperado y sumergirse en el próximo reto con confianza.

Temas

Por medio de esta experiencia es posible desarrollar los siguientes temas de Liderazgo y Trabajo en Equipo:

Miedo al fracaso   Aprender de nuestros errores

Crecer en la adversidad   Aprender Jugando
Coordinación de acciones   Creatividad
Relaciones de procesos

Desarrollo de la Experiencia

Cualquier experiencia con el Circo nos conecta con ser niños, con la diversión y con lo lúdico. Sea cuidadoso porque a ratos las personas se relajan demasiado y pueden intentar bajarle el perfil profesional y de aprendizaje que esta experiencia tiene.

Al igual que en el Outdoor Training se arman los equipos y realizan un circuito de actividades, aunque ahora son de Circo. Puede trabajar en base a actividades básicas, como malabares de todo tipo, pirámides humanas simples, acrobacias, clown, maquillaje y vestuario. En un nivel intermedio o avanzado, puede realizar actividades más técnicas como portadas mano a mano, tela, trapecio fijo, argollas.

Acá debe medir los tiempos de la manera más efectiva posible porque como las actividades son muy entretenidas las personas se van a querer quedar en aquello que más les gusta y no avanzar!

Si tiene también la posibilidad de realizar al final una presentación diseñada por ellos, hágala. Le da al equipo un alto sentido de éxito!

TEAM DERBY MONTAGE© / ECO MONTAGE©

Descripción de la Actividad

Es lo último en experiencias de desarrollo de habilidades de equipo donde pueden participar todos los colaboradores de la empresa, asumiendo distintos roles dentro de la actividad, generando nuevos niveles de comunicación, creatividad y negociación. Es una competencia de go-karts en donde todo el equipo debe participar como pilotos. Tienen que asumir distintos roles, apoyar a su equipo, conducir y lograr llegar a la meta. gana el equipo que mejor aplica sus habilidades.

En el Team Derby Eco Montage el equipo completo debe construir y preparar su propio móvil… para el Derby!!! Cada equipo define el perfil de auto que desea construir, ellos deciden la presentación del aspecto del coche y diseñan su carrocería. La experiencia tiene dos etapas, la primera en que arman el coche y definen el diseño; y la segunda, en la que el auto debe funcionar de manera óptima durante la carrera.

En este desafío es posible entender la carrera como el negocio, porque los líderes deben situar estratégicamente a sus compañeros de equipo para lograr la mejor carrera, apoyar al piloto y lograr el mejor tiempo.

Objetivos

Uno de los objetivos principales del Team Derby es desarrollar la capacidad de crear a partir de cero, de lograr generar una visión global acerca de nuestros desafíos y entregar soluciones específicas con foco en el resultado.

Temas

Por medio de esta experiencia es posible desarrollar los siguientes temas de Liderazgo y Trabajo en Equipo:

Planificación y Dirección	Sentido de Equipo
Coordinación	Foco en el Objetivo
Apoyo Mutuo	
Pensamiento Estratégico	

Desarrollo de la Experiencia

Imagínese creando un ambiente de carreras de autos. Conos de seguridad, bandera a cuadros, partida, meta, fardos de paja, señalizaciones, bandereros, zona de pits. Los equipos se agrupan cada uno en su zona de pit donde tendrán todas las herramientas y accesorios que necesitan para armar su auto, chasis, ejes, ruedas entre otros. Elija equipos de 5 a 7 personas máximo.

Aquí sí se desarrolla un alto nivel de competencia, porque cada equipo diseña su auto con características únicas. Mida los tiempos y el mejor equipo, con mejor diseño gana!

ACUEDUCTO/MONTAÑA RUSA

Descripción de la Actividad

Es una experiencia de equipo donde los participantes deberán diseñar y construir el Acueducto de la ciudad.

Desafía a tu equipo a desarrollar al máximo su creatividad. Este programa de trabajo desarrolla todas nuestras técnicas y habilidades de Equipo, fomentando el pensamiento estratégico, la administración del tiempo, coordinación de acciones, organización y calidad en el trabajo conjunto.

Objetivos

El objetivo principal de esta experiencia es desarrollar el pensamiento estratégico y la toma de decisiones. El equipo se ve enfrentado a definir un plan y seguirlo, además de desarrollar mecanismos de adaptación que les otorgue flexibilidad en la posibilidad de modificar sus acciones en pro de un mejor resultado. El equipo debe desarrollar la capacidad de realizar tareas individuales, tomando en cuenta que es parte de un total donde sus acciones también impactan de manera favorable o desfavorable.

Temas

Por medio de esta experiencia es posible desarrollar los siguientes temas de Liderazgo y Trabajo en Equipo:

Pensamiento Estratégico

Colaboración

Apoyo mutuo

Coordinación de acciones

Toma de decisiones

Sentido de Unidad

Foco en el negocio

Definición de Roles

Liderazgo y dirección

Soluciones creativas

Hacerse preguntas clave

Desarrollo de la Experiencia

Cada equipo armará una parte de la estructura. Es posible que los líderes decidan que los equipos asuman roles y tengan una visión del total, donde realicen tareas específicas dentro del total. Cualquiera de las dos alternativas sirve. Intente que los líderes de los equipos no sean líderes de equipos naturales. Esto hará que el equipo viva todas las etapas de desarrollo de un equipo natural, desde del caos total a la efectividad máxima. Dependiendo del estado actual del equipo es posible que se desenvuelvan de modo más o menos efectivo.

La forma en cómo construyan la estructura le hablará de la "historia" del equipo en su forma de trabajo, en cómo planifican, cómo toman decisiones, cómo aprovechan sus recursos físicos y de personas para lograr la mejor estructura.

Los materiales que entregue tienen un disposición óptima que el equipo debiera descubrir.

COACHING BOX

Descripción de la Actividad

Es una experiencia dinámica, personal y de grupo donde cada participante, por medio de técnicas básicas de boxeo y programación neurolingüística, podrá enfrentarse a sus debilidades y a los miedos del líder, a salir de su zona de confort y enfrentar entornos desafiantes.

Al mismo tiempo, bajo el concepto de "pensar fuera de la caja" (think outside the box), les permitirá verse desde una perspectiva nueva.

Objetivos

Uno de los objetivos principales de esta experiencia es enfrentarse a sus nuevos desafíos, superar temores, definir un plan y tomar acciones.

Temas

Por medio de esta experiencia es posible desarrollar los siguientes temas de Liderazgo y Trabajo en Equipo:

Empoderamiento	Estado interno
Estado de presencia ejecutiva	Toma de Decisiones
Superación personal	Definición de un Plan Personal
Vencimiento de Temores	

Desarrollo de la Experiencia

A menos que usted o sus participantes sean boxeadores o hayan practicado box, esta experiencia los conecta con los líderes. También tiene un contrincante…usted mismo.

Si bien puede contar con un profesor de box o con un boxeador o ex-boxeador que le otorgue mayor conocimiento técnico al grupo, todos, incluso usted alguna vez golpeamos algo o peor, golpeamos a alguien. Defenderse con las manos o pies es algo innato al ser humano y que al mismo tiempo nos vuelve muy vulnerables.

Es una experiencia que puede ser realizada por cualquier persona y principalmente por líderes. Se trabaja en parejas o puede modelar con un muñeco de goma de entrenamiento. Es un trabajo uno a uno donde la persona va a enfrentarse con sus principales miedos personales, por lo que debe crear un contexto apropiado de confidencialidad, respeto, conversación. Debe preparar a sus participantes con un trabajo de reflexión previo y llevarlos a un estado de recursos durante el proceso.

De este modo potenciará su estado de recursos personales e instalará a nivel inconsciente mensajes y anclas poderosas que le ayudarán a sentir esa misma energía interna en situaciones diarias.

FÁBRICA DE CHOCOLATES

Descripción de la Actividad

Es una entretenida experiencia de equipo donde pueden participar personas de todas las edades, asumiendo que son una fábrica de chocolate que debe cumplir un objetivo común. Por medio de un experto en el proceso, se les traspasa este conocimiento de modo que el equipo completo (o cada equipo) debe elaborar, diseñar y producir sus propios chocolates.

Objetivos

Es un programa de trabajo que desarrolla nuestra iniciativa, creatividad y motivación frente a un desafío complejo, junto con lograr aplicar nuestras habilidades personales y de Equipo, haciendo énfasis en el proceso de trabajo, coordinación de acciones, comunicación, organización, calidad y resultado.

Temas

Por medio de esta experiencia es posible desarrollar los siguientes temas de Liderazgo y Trabajo en Equipo:

Apoyo mutuo	Definición de Roles
Coordinación de acciones	Liderazgo y dirección
Toma de decisiones	Colaboración
Foco en el producto	Aporte de Valor

Desarrollo de la Experiencia

Cualquier experiencia que incorpore chocolate le aseguro que es muy entretenida y exquisita!

En esta experiencia se formarán los equipos de trabajo donde deben darse instrucciones específicas de cómo trabajar con el chocolate. Mi sugerencia es que se apoye con un experto en chocolate, una persona que realice actividad en pastelería. El chocolate es una vez, un pretexto exquisito, para generar aprendizaje sistémico.

Los participantes deben planificar todo el proceso, definir un líder, asignar roles, seguir las instrucciones, entender los pasos hasta diseñar el cómo se presenta el chocolate, en su envase final.

Es sabido por todos los beneficios que tiene el Cacao. Mejora el flujo sanguíneo al cerebro, podría mejorar significativamente la función cognitiva en personas mayores, mejora la fluidez verbal y varios factores de riesgo de enfermedades; y contiene estimulantes como la cafeína y la teobromina, los cuales podrían ser las razones principales por las cuales el cacao mejora la función cerebral a corto plazo. En consecuencia también cuente con ello para darle a sus participantes chocolate en momentos clave.

CLOWN TRAINING

Descripción de la Actividad

Es un taller de gestión de las emociones, desarrollo de la alegría y motivación en las empresas, por medio de sesiones entretenidas y con contenido, que es apoyada por un Coach que permite generar conversaciones significativas entre los participantes.

Objetivos

En estas sesiones es posible potenciar nuestras habilidades de comunicación, empatía, creatividad, fortalecer la confianza y el trabajo en equipo.

Temas

Por medio de esta experiencia es posible desarrollar los siguientes temas de Liderazgo y Trabajo en Equipo:

Gestión de Emociones   Felicidad
Poder Personal   Pasión en el Trabajo
Energía Interna   Aprender Jugando
Creatividad

Desarrollo de la Experiencia

Este es una de las experiencias que más me fascina.

Existen un juicio colectivo acerca de que el Clown es un payaso que hace estupideces, tonteras y que ponerse la nariz roja te da la libertad de hacer estas estupideces sin que nadie diga nada y que además tiene esa voz chillona que a todos desagrada.

El Clown es una conexión interna profunda con cada una de sus emociones. Usted está en su estado natural o "en Clown". Estar en Clown, significa ser Clown y viceversa. Lo que emociona del clown es alto grado de empatía que produce con el otro. Que aprende del fracaso, que de una manera u otra saldrá airoso. Ese nivel de empatía es aquello que nos da risa porque en el clown del otro nos vemos representados a nosotros mismos en nuestro estado natural. El clown habla todos los idiomas.

Los ejercicios en esta experiencia son a nivel individual, en parejas, tríos, equipos y con el grupo completo; y vienen de la práctica de clown de teatro y clown de circo, que utilizan técnicas diferentes porque responden a públicos diferentes. Pueden realizarse con o sin nariz roja.

Hay que entender que por medio de su experiencia, no prepara a sus asistentes para presentarse ante un público, sino que los hará vivir el proceso de búsqueda de *SU Clown*.

Se inicia el programa con el grupo completo, realizando ejercicios de activación corporal para llevar al grupo a un estado de recursos favorable. Luego realizan ejercicios en parejas y en grupos. Una vez que identifique que el grupo logró subir su nivel de energía, los llevará a un estado de relajación y tranquilidad. Un breve trance guiado para que se pongan su nariz roja y nazcan a su estado clown.

Luego desarrolla todo el trabajo de emociones en Clown, juegos y otras dinámicas para finalmente volver al estado de relajación y retorno a su estado natural. Apóyese con algunos accesorios que le otorguen identidad a cada clown.

En nuestros programas, no sólo hablamos de la conexión emocional sino también que utilizamos la nariz roja como un ancla que los conecta con su parte creativa. Entonces estar en clown, también es ser creativo, ver el mundo desde una nueva perspectiva y lo más poderoso, conectarse con el niño que todos llevamos dentro.

Le sugiero dar un vistazo profundo al libro de Jesús Jara "Clown, Un Navegante de las Emociones" o "La poética del Clown", del mismo autor. También visitar www.clownplanet.com donde encontrará noticias y otros artículos del estado de actual del clown. También le sugiero realizar talleres de clown para que pueda vivir la experiencia y la utilice en el modelamiento de sus propios programas.

DA VINCI

Descripción de la Actividad

Es una experiencia artística y de equipo. El equipo puede elaborar su propia imagen corporativa o echar a correr su imaginación para elaborar diseños y patrones de colores de acuerdo a los temas que estén desarrollando.

Objetivos

Es un programa de trabajo que desarrolla nuestra capacidad creativa frente a una meta común, aplicando todas nuestras habilidades personales y de Equipo, haciendo énfasis en el aprendizaje lúdico, la comunicación, organización, excelencia y calidad.

Temas

Por medio de esta experiencia es posible desarrollar los siguientes temas de Liderazgo y Trabajo en Equipo:

Creatividad	Liderazgo
Desarrollo de una idea	Participación
Planificación	Foco en el Objetivo
Toma de decisiones	Compartir buenas prácticas
Desapego	Definir un Plan

Desarrollo de la Experiencia

Lo que más aprendimos en nuestra educación tuvo que ver con escribir palabras, dibujar líneas y señales, entonces cuando a cualquier persona o grupo de personas les plantea que sólo deben trabajar con *formas de color*, todo se pone más interesante.

Acá hay dos modalidades: La primera, que el equipo pinta un concepto que luego compartirá con los otros equipos o usted, junto al cliente han establecido un diseño que el equipo pintará por partes, que luego unirán en un total. Ellos no conocen el total.

En la primera opción, usted previamente ha identificado con el cliente cuál es la pregunta que el equipo va a responder por medio de la pintura. Oriente sus preguntas a pensamiento sistémico y proyección futura, como *"¿Qué valores sustentan a este equipo?"* o *"¿Qué equipo queremos ser?"* Luego de haber finalizado esta etapa se les plantea al equipo el segundo desafío: unir todas las obras en una sola. Y vea qué ocurre…

En la segunda opción, como ellos no conocen el total, sino que su parte, sólo se dedicarán a pintar lo suyo, un poco repitiendo la estructura de silos y áreas que las empresas tienen. No obstante al finalizar, juntan todas las partes para visualizar el total de aquello que han pintado que contiene la imagen corporativa con un mensaje clave para transmitir al equipo que todos casi sin saberlo han contribuido a lograr. Esto les da la visualización que aunque cada uno realice un trabajo individual, siempre son parte de un total mucho más grande, global y poderoso del cual debemos estar conscientes.

LOS SIMULADORES

¿Cómo diseñar un simulador de Liderazgo o Trabajo en Equipo?

Existen diversos tipos de simuladores en el mercado de los programa de desarrollo de liderazgo y equipo, algunos incluso incorporan algoritmos matemáticos y tienen un alto costo.

Entonces para quienes se inician en los programas de Trabajo en Equipo o quienes ya llevamos varios años en esto, surge la pregunta, ¿cómo lograr diseñar nuestros propios simuladores? ¿cómo hacerlo a un costo significativamente menor? ¿cómo hacerlo en un corto tiempo? y ¿cómo asegurar el éxito en el resultado de su aplicación?

El aspecto más importante es definir qué es aquello que se va a simular como situación. Acá tiene infinitas posibilidades y aquello que decida también depende de aquellos que temas que le interesa trabajar con sus clientes.

A modo personal, durante muchos años realicé programas de Outdoor Training en la Cordillera de Los Andes, lo que parecía un buen *contexto* para utilizar como metáfora. Además había trabajado más de 5 años con el líder del primer equipo chileno que fue el Everest, algunos de sus principales integrantes, entre ellos mi querido Claudio Lucero, uno de los principales referentes del montañismo en Chile, con una experiencia extraordinaria. Junto con ello, mi gran compañero de arquitectura, Alberto Gana, quien había estado en el K2 con el mismo equipo, viviendo una experiencia alucinante.

Cómo creamos el Simulador del Everest

Lo primero que sí sabíamos es que teníamos una *historia poderosa.* Lo segundo es que teníamos un cliente que sólo con la idea que le mostramos, quería hacerlo; y lo tercero, teníamos muy poco tiempo para lograr tenerlo a punto.

Así que nos pusimos a ver y leer en dos días todos los videos del Everest, Expediciones, libros y artículos con información relevante. Anotamos todo.

Así que pensé que lo primero era tener una hoja de ruta, un mapa. Y diseñé en base a fotos del lugar, fotos digitales, mapas de rutas posibles, al menos 3 rutas que permitieran a cualquiera tener una opción de "entrar en el juego".

A partir de ello y teniendo presente que debía existir una relación permanente entre recursos-situación-aprendizaje, identificamos todo aquello que sería un buen recurso en la montaña, qué situaciones podían ocurrir y qué reflexiones debíamos generar. Vimos todo tipo de juegos de mesa con distintos objetivos y formas de operación. Entonces me lancé a producir una serie de cartas donde estaban los *Recursos* y *Situaciones*. Patricia, mi socia comenzó a analizar todos los libros de Coaching de Equipo y Liderazgo para elaborar las cartas de preguntas y Reflexión.

Aún no sabíamos bien cómo debía operar el "juego". Teníamos todos los elementos y pensamos que de manera inicial debíamos tener un Manual. Para nosotros era en ese momento más o menos claro, pero eso no aseguraba que los participantes pudieran entenderlo de manera fácil y fluida.

Ahora sólo debíamos comenzar a establecer las relaciones entre las partes, para saber cómo avanzar para llegar a la cumbre. Habían variables externas globales que decidimos manejar nosotros como Coaches: El Tiempo y el Clima. Es sabido que el Everest se sube principalmente durante el mes de mayo y que se producen ventanas climáticas apropiadas para el ascenso lo que no significa necesariamente que llegues a la cumbre! Así que decidimos presentar día a día las variables climáticas que iban definiendo el ascenso. Otro aspecto importante era la *zona de muerte* sobre los 8.000 metros donde la situaciones se volvían más complejas y difíciles

Y después de estos tres días de intenso trabajo, *Voilà…*Teníamos el simulador listo para su aplicación. El primer programa que realizamos fue con un equipo gerencial de 50 personas. Fue todo un éxito y la mayoría de ellos nos felicitó al terminar el programa, principalmente por la calidad del juego, la calidad de las reflexiones que se produjeron y por el resultado de aprendizaje que se generó en ellos durante toda la experiencia.

Cómo crear su propio Simulador

Debe tener en cuenta que el tipo de simulador del que estamos hablando estará basado en la misma estructura que tiene el proceso de Coaching como experiencia de aprendizaje: Estructura de Recursos personales, Situaciones y las preguntas del Coach.

En este sentido, para la creación de un "simulador" como analogía es necesario tener en cuenta cuatro aspectos fundamentales que definen su estructura:

a. **Recursos**. Son todos aquellos elementos que una persona o un grupo de personas necesitan para seguir avanzando de manera armónica, equilibrada y favorable.

b. **Situaciones**. Lo planteamos como situaciones-problema, es decir todas las situaciones que se pueden presentar y sobre las cuales usted necesita poner en práctica un recurso (que puede tener o no) y que le podría generar un gran problema!!

c. **Preguntas**. Como Coaches o facilitadores tenemos la misión de lograr que las personas adquieran sus aprendizajes de acuerdo a su propio proceso y no desde nuestras expectativas, deseos o nuestras mejores intenciones. Entonces las preguntas deben ser elaboradas a modo de reflexión durante el proceso. Esto alimenta de manera muy significativa el reencuadre posterior realizado por el Coach.

d. **Relaciones**. Este aspecto es importantísimo porque define la estructura esencial de su simulador. Y es que todo debe estar relacionado con todo, no debe quedar nada al azar ni por capricho. Es decir debe encontrar la relación entre:

- **Situaciones y Recursos**. Es una relación clave para que su simulador funcione. Cada "situación" debe tener su correspondiente "recurso" de modo que quien participa de la actividad cuente con una batería de recursos disponibles que puede utilizar en determinadas situaciones. En otros momentos es posible que aparezcan situaciones en que el participante no tenga el "recurso" necesario y esto es parte de sus decisiones y aprendizajes.

- **Recursos y Preguntas**. Es importante que dado el contexto en que se desarrolle su simulador, las preguntas sean coherentes con los recursos disponibles de modo que el participante establezca una relación directa entre sus recursos y las reflexiones que la persona o el grupo de personas necesita realizar para volver a mirarse, reflexionar y tomar acción.

- **Preguntas y Temas de Aprendizaje y Transferencia**. Como previamente usted realizó un levantamiento de información del cliente donde se definieron sus objetivos de transferencia y los mensajes clave, las preguntas que pre-diseñe deben ser vinculantes, de manera que se pregunte aquello que el grupo realmente necesita y no realizar preguntas genéricas. Es indudable que podrá diseñar preguntas globales para muchos equipos porque en general los temas de las empresas y sus equipos tienen una base común, la falta de comunicación. En consecuencia, podrá definir un set de preguntas que no sea genérico, que sí responda a una variedad de equipos de diferentes rubros de la industria. Verá desde la aplicación, que a determinados grupos, sus preguntas les hacen mucho más sentido que a otros y ahí es donde es importante el reencuadre final que realice el Coach.

- **Reencuadre final**. Rerforzando lo planteado en capítulos anteriores, el Reencuadre (rescate, bajada, reflexión, entre otros) se transforma en algo fundamental a la hora de identificar aprendizajes para el grupo. Es relevante que el Coach haya definido previamente los temas y preguntas **"que no pueden dejar de contestarse"** de manera que el grupo pueda socializar sus aprendizajes conscientes y usted los movilice a identificar sus aprendizajes inconscientes. Aquí debe ajustar con el cliente cuál es la idea fuerza (que usted no dirá) que debiera salir de los propios participantes. Si esto ocurre, *Eureka!!* Este proceso se ve apoyado de manera importante por las reflexiones de las "preguntas" que el equipo se hizo durante el proceso de la actividad.

Acá por ningún motivo se limite. Ponga todas las ideas que se le ocurran sobre la mesa y luego podrá ir depurando cada parte del proceso. Uno de mis profesores de arquitectura siempre decía *"es necesario que usted vierta sobre el proyecto todo aquello que tenga en su mente para luego con su brocha maestra ir limpiándolo hasta llegar a lo esencial"*

Recuerde siempre :

Crear experiencias simples para generar aprendizajes esenciales y transformaciones extraordinarias

Epílogo

A modo de reencuadre final, sólo sugerir al lector que explore, que encuentre el elemento desde el cual desea movilizarse para ser original y único. Practique con pocos elementos.

Es cierto, a partir de ahora, podría usted tomar cualquiera de los programas y desarrollar su propia forma de implementarlos. Si eso es así, está perfecto. Sólo considere que es el inicio, es el primer paso de seguir desarrollando y creciendo en lo que mejor puede llegar a hacer.

Mi inspiración y espero que también sea la suya es que piense en grande y en algo que a usted lo haga único, original. Piense en las diferencias culturales y cómo aquello que desea realizar se contextualiza de mejor manera con su gente, con su Mercado, con sus rubros, con su país. Esta es una clave importante.

A modo de ejemplo, si explora en la web encontrará experiencias con tambores en varias partes del mundo y cada día surgen más. En Chile, fuimos pioneros en incorporar esta metodología e incluso nos llamaba la competencia para lograr entender (en ese tiempo) qué era lo que estábamos haciendo. Esto no lo menciono a modo de jactarnos de ello. El éxito fue el resultado de un proceso de desarrollo metodológico, histórico, de contenidos, de aplicación sencilla, práctica y de entregarnos con la pasión y la convicción de saber internamente que ese era nuestro camino.

Les deseo lo mejor en esta travesía. Su travesía.

Acerca del Autor

Andrés Camus Parra es Arquitecto de la Pontificia Universidad Católica de Chile y posee certificaciones internacionales en Coaching con especialización en Programación Neurolingüística (PNL), certificado por la International Coaching Community (ICC)-Londres; Trainer PNL certificado por la International Community of Neurolinguistic Programming (ICNLP) y la International Association of NLP Institute (IANLP); Master Practitioner PNL certificado por la International Community of NLP (ICNLP) y la International Association of NLP Institutes (IANLP); y Executive Coach, certificado por la ICC y la International Association of Coaching Institutes (ICI).

Es Mentor Profesional Certificado internacionalmente por Human Coaching Network (HCN) y Coaching & Mentoring International (CMI). Es Team Coach Certificado por Human Coaching Network (HCN) y la International Association of Coaching Institutes (ICI).

Es parte del Equipo de Trainers de BIIA LAB y Jürgen Klaric certificado en el Master Training en Neuroventas.

Ha impartido clases en cursos de Programación Neurolingüística a nivel Practitioner y Master. Además ha trabajado como consultor y Coach en procesos de formación y entrenamiento en importantes empresas del país, como Google, Microsoft, LATAM, Becton & Dickinson, CODELCO, TVN, Agencia de Cooperación Alemana GYZ, Evalueserve, Julius Baer, Grupo Nuestros Parques, Banco Santander, Banco Central, Banco BBVA, Sky Airlines, Nissan,

Yamana Gold, Peugeot, Kuehne + Nagel, Falabella, Cencosud, British American Tobacco, John Crane, Mc Cain, Hearing Chile, Unitron-Suiza, Kimberly Clark, Huawei, ENEX, entre otras.

Ha desarrollado su quehacer profesional como Arquitecto, Fotógrafo, Pintor, Músico, Actor, Clown, Empresario, Coach, Speaker y escritor.

Fue socio Co-fundador del primer Centro para el Aprendizaje Experiencial de High & Low Ropes Courses, el Centro STEP y por su especialidad como Arquitecto desde entonces ha asesorado a diferentes empresas e inversionistas a desarrollar, diseñar y construir sus propios Centros de Desafíos.

Es socio y co-fundador de Ensamble Consultores, empresa dedicada a incorporar el Arte como medio de aprendizaje de habilidades y competencias de Equipo y Liderazgo en las empresas.

Además es co-fundador de **Humanagement Group** y reside actualmente en Chile. Es autor de la metodología y libro homónimo **Coaching con Tambores Africanos®**, de la Metodología y libro homónimo **STEP-PRO®** para la formación de equipos de alto desempeño; de **PROCESO MEKC**, una Metodología para cambio de Creencias Limitantes; de **XTeam Revolution**, La Revolución de los Equipos de Trabajo; y realiza charlas de Liderazgo, Motivación y Trabajo en Equipo en Chile, México, USA, Colombia, Panamá, Argentina, Perú, Ecuador. Si deseas contactar al autor, puedes hacerlo directamente en <u>andres@humanagementgroup.com</u>